教育部人文社会科学研究规划基金项目（项目批准号：19YJA820016）
河北经贸大学学术著作出版基金资助

国有企业改革法律治理研究

LEGAL GOVERNANCE OF
STATE-OWNED ENTERPRISES REFORM

A PERSPECTIVE OF
COMPETITION NEUTRALITY

胡海涛 著

社会科学文献出版社
SOCIAL SCIENCES ACADEMIC PRESS (CHINA)

序　言

　　胡海涛教授是我的一名博士学生，当时我在澳门科技大学法学院任院长。他供职于河北经贸大学法学院，从事国际法学的教学科研工作。生活中，他为人谦和、谦虚谨慎；工作中能寓教于乐，受学生尊敬，是一名极具求知欲的学者。他的研究集中于国有企业法学与国际经济法学的交集领域，这契合了当下统筹推进国内法治和国际法治中的一个重大命题，即如何实现我国国有企业和国际贸易投资活动的深度融合？对该命题的理解和解决，是中美两国以及国际重大经贸谈判都无法绕过的议题。呈现于读者面前的这本著作，是胡海涛关于上述命题系列研究的一个阶段性成果。

　　国有企业改革既是经济学的问题，也是法学研究当仁不让的任务。传统国有企业改革之目的在于提高国有资产的运营效率，具有效率取向的特点。新一轮国有企业改革在国际经贸博弈的背景下展开，具有公平取向的内涵。从本书整体的脉络中可知，胡海涛清楚地认识到这一点，故而从竞争中立规则发展的角度，为国有企业的改革梳理出一条路径，这也是一种方法。此非另起炉灶，而是一种创新，是新时代对制度规范的整合，是面对新发展、新问题、新情况的有针对性的调整。竞争中立规则的精神有益于实践，能防止出现国有企业利用自身与政府之间关系所形成的优势地位扭曲市场竞争秩序的现象，丰富了国有企业改革及其法律治理的理论依据。为了避免市场机制的扭曲，更好地实行国家中长期战略规划，我国在《"十三五"市场监管规划》中也提出了实行竞争中立规则，改革传统计划经济思维和惯性。在本书中胡海涛对将竞争中立规则运用到国有企业的改革之中进行了充分论证，包含了一位法学学者对社会治理问题的关切。

在错综复杂的国际政治经济形势下，在以国内大循环为主体、国内国际双循环相互促进的新发展格局中，国有企业作为国家综合实力和国际竞争力的代表，其发展尤为重要。本书对国际经济社会的发展做出了一定的预判，对我国国有企业的发展现状也有较好的把握。在新一代国际竞争政策的演进中，竞争中立规则与公平审查制度，既是国外国有企业改革方面经验的凝聚，同时又是我国国有企业改革践行依法治国的重要思考，国有企业和私有企业共同发展进步，对于我国市场经济发展非常重要。

本书对OECD、欧盟以及澳大利亚、美国等不同的国际组织及有代表性的国家的竞争中立规则进行了比较，深入地分析了竞争中立规则对国际社会发展平衡的重要性，充分论证了竞争中立的核心是最大限度地确保市场主体的公平竞争。作为保持市场公平竞争的基石，胡海涛对其深入的研究充分体现了一名国际法学教授的严谨风格，本书立足于我国自身的特点，结合国际社会的发展趋势，汲取了国外竞争中立规则的有益经验，对我国国有企业改革法治化的进路研究具有启发意义。本书逻辑自洽，系统全面地研究了竞争中立规则对于我国国有企业发展的重要性以及对我国市场经济发展的促进意义。

胡海涛的这本著作借鉴了国际社会经济问题的治理理念，就竞争中立规则对国有企业改革法治道路的作用进行了系统的整理，展现了一位法学教育工作者对社会问题的法治治理思维。值得注意的是，习近平总书记在第四届中国国际进口博览会开幕式上的主旨演讲中提出，"中国将以积极开放态度参与数字经济、贸易和环境、产业补贴、国有企业等议题谈判"。这将使本书中的思路、方案在完善国有企业法律治理、建构国有企业国际规范体系等方面具有更大的适用余地。我相信，本书的出版将为我国国有企业改革的法治化提供有价值的参考和启示。

是为序！

沈四宝

目 录

第一章 绪论 …………………………………………………… 001
  1.1 研究背景与研究意义 ………………………………… 001
  1.2 文献综述 ……………………………………………… 011
  1.3 研究内容及研究方法 ………………………………… 024

第二章 竞争中立概述 ………………………………………… 028
  2.1 竞争中立相关概念的界定 …………………………… 028
  2.2 竞争中立的理论基础 ………………………………… 037
  2.3 竞争中立的缘起及发展 ……………………………… 043
  2.4 竞争中立的基本特征 ………………………………… 046
  2.5 竞争中立的适用范围及构成 ………………………… 053
  2.6 非竞争中立的表现形式 ……………………………… 062

第三章 竞争中立的国际实践比较 …………………………… 065
  3.1 澳大利亚版竞争中立制度 …………………………… 065
  3.2 OECD 版竞争中立 …………………………………… 078
  3.3 欧盟版竞争中立 ……………………………………… 087
  3.4 美国版竞争中立 ……………………………………… 094

3.5 世贸组织项下的有关国企规则 ……………………………… 109
3.6 竞争中立视角下国企条款的多元化比较 …………………… 111
3.7 比较竞争中立国际实践后的启示 …………………………… 116

第四章 竞争中立对我国国有企业改革的影响 …………………… 119
4.1 当前我国国有企业的发展与问题 …………………………… 119
4.2 我国竞争中立现状 …………………………………………… 125
4.3 竞争中立视角下国企条款对我国的影响 …………………… 141

第五章 中国关于引入竞争中立、推动国企改革的制度构建 … 158
5.1 关于构建中国版竞争中立的几点思考 ……………………… 158
5.2 深化国企改革，构建符合我国国情的竞争中立制度 ……… 175
5.3 深化国企改革，构建中国版竞争中立框架的
   几点原则 …………………………………………………… 189
5.4 中国版竞争中立制度的基本构成 …………………………… 194
5.5 我国在国际经贸治理规则制定中的应对策略 ……………… 208

参考文献 ………………………………………………………………… 212

第一章
绪　论

1.1　研究背景与研究意义

1.1.1　研究背景

竞争中立无疑是晚近国际社会中的热词，也由此形成了国际经济法学术研究的前沿课题。它与环境问题和劳工问题并称为"二十一世纪贸易新议题"[①]。与该议题有关的跨太平洋伙伴关系协定（TPP）、《美墨加三国协议》（USMCA）等新型区域贸易协定中的竞争政策、国有企业、国家主权、国家资本主义、"边界后措施"等一系列术语，以及相应的解释、批判、反思所建构的话语体系，不但影响了国际法主体重构国际经贸、投资规则的维度，而且构成了各国对外政策、国际制度设计的背景和参照。因此，不仅竞争中立是世界经济、政治格局变化的结果，其理念与体系也构成了决定未来世界贸易治理秩序的重要因素。

[①] 高虎城：《加快培育参与和引领国际经济合作竞争新优势》，载《〈中共中央关于全面深化改革若干重大问题的决定〉辅导读本》，人民出版社，2013，第198页。

历史和相关学科的研究表明，不同时期的国际法理论，必然受到当时主流思潮和重大事件的影响①，如苏联解体表明苏联经济制度的失败。1982年的墨西哥债务危机及拉美国家遭遇的"债务陷阱"，使政府财政资助型公共经济在危机的冲击下崩溃。为获得国际货币基金组织和世界银行的贷款，这些国家被迫在国内实施"出口替代产业化"政策，进行市场化改革。同时，中国、越南等社会主义国家主动实施改革开放，开创新的发展模式，取得了举世瞩目的成就。上述现象，实质上促使市场经济成为世界经济发展的主导模式，发展中国家"现代化"的发展道路也被解释为"市场化"的过程。

市场经济逐步主导世界经济发展进程的直观表现，就是人员、货物、资金、技术、服务以及观念跨越国境，在世界范围内自由流动与传播，尽量降低国家政策干预的扭曲作用。与此前历史上几次大规模国际经贸往来潮流不同的是，当前这种现象是建立在交通、通信等高新技术快速发展与更新的基础上。首先，由于科学技术的发展，交通物流业发生了巨大的变化。当代国际物流货运的时间大大缩短、成本降低，运输成本在产品价值中的占比远低于历史上的任何时期。与之相反，运输时间和成本在一个世纪前的国际贸易中无疑成为自然障碍。当时以生产工厂为圆心、以边际运输成本（等于边际利润）为半径，将市场人为地分割为一个个彼此隔绝的部分，这在一定程度上发挥着保护本地生产商免受外部竞争影响的作用。而基于多边贸易规则体系的国际经贸交往，已使得这种保护得到最大限度的约束。其次，相比于交通方式的有形性，通信领域的无形传播方式大大提升了信息传输能力。得益于互联网通信技术的发展，概念、思路甚至产品（如设计、广

---

① John H. Jackson, *Sovereignty, the WTO and Changing Fundamentals of International Law*, Cambridge University Press, 2006, p. 5.

告和文件等）都可在各大洲之间快速传播，并呈现规模效益。人类许多"天才设想"得以实现，甚至突破了人类先辈的思想桎梏。

基于上述诸多因素的共同作用，历史上阻碍市场全球化的不利因素渐趋消解，经济全球化以前所未有的速度在世界范围内拓展，并进一步在全球贸易环节的支配下，促使"产品贸易"转化为"任务贸易"，从而使贸易全球化向生产全球化过渡。生产消费活动在全球范围内展开，提高了资源配置的效率，由此产生了国际社会针对利益增值应如何分配、分配依据和标准如何确定等问题的反思，这成为重构国际经贸秩序的制度背景。

其中，国际经贸活动的利益冲突是全方位、多层次的，不能将其简单地放在传统意识形态框架内进行解读，甚至也不能将其仅放在"南北矛盾"的范式内，从纯粹的政治问题或外交问题的角度来分析对待。因为，这种冲突主要存在于全球产业链[①]、价值链[②]等的

[①] 全球产业链是指在全球范围内为实现某种商品或服务的价值而连接生产、销售、回收、处理过程的跨企业网络组织，它包括所有参与者和销售活动的组织及其价值、利润的分配。随着贸易和投资全球化的不断深入，国际分工格局开始加快由产业间分布向产业内分布转化，以产业链的纵向分解和协调为重要特征的全球一体化的生产、流通逐渐形成。全球产业链的产品及服务的价值创造活动分布在不同国家和地区，从而为这些国家和地区嵌入该产业链，实现产业调整和自主创新提供了机遇。

[②] 哈佛大学商学院教授迈克尔·波特（Michael E. Porter）于1985年提出"价值链"的概念，波特认为："每一个企业都是在设计、生产、销售、发送和辅助其产品的过程中进行种种活动的集合体。所有这些活动可以用一个价值链来表明。"企业的价值创造是由一系列活动构成的，这些活动可分为基本活动和辅助活动两类，基本活动包括内部后勤、生产作业、外部后勤、市场和销售、服务等；辅助活动则包括采购、技术开发、人力资源管理和企业基础设施等。这些互不相同但又相互关联的生产经营活动，构成了一个创造价值的动态过程，即价值链。

在价值链的基础上斯特恩（Sturgeon）于2001年提出"全球价值链"的概念，斯特恩从组织规模（organizational scale）、地理分布（geographic scale）和生产性主体（productive actor）三个维度来界定全球价值链。从组织规模看，全球价值链包括参与了某种产品或服务的生产性活动的全部主体；从地理分布来看，全球价值链必须具有全球性；从参与主体看，有一体化企业（如 HPhillips、原 IBM 等）、零售商（如 HSears、Gap 等）、领导厂商（如戴尔、耐克等）、交钥匙供应商（如 Celestica、Solectronic）和零部件供应商（如英特尔、微软等）。他还对价值链和生（转下页注）

形成过程中。世界上不同民族、国家或地区，都可能会被整合到上述产业链条之中。该链条将产品、服务的生产，甚至生产者自己（企业）分解为一个个精细的环节，然后在全球范围内按照成本标准进行重新配置。不同环节对价值的贡献率不同，分割利润的比例也就不一样。产业链、价值链同时是利润链，所以在不同环节，利润也不同。① 产业链、价值链是一个全球生产有机化的过程。在这一

（接上页注②）产网络的概念进行了区分：价值链主要描述了某种商品或服务从生产到交货、消费和服务的一系列过程，而生产网络强调的是一群相关企业之间关系的本质和程度。

联合国工业发展组织的定义最有代表性：全球价值链是指为实现商品或服务价值而连接生产、销售、回收处理等过程的全球性跨企业网络组织，涉及原料采购和运输，半成品和成品的生产和分销，直至最终消费和回收处理的整个过程。包括所有参与者和生产销售等活动的组织及其价值、利润分配，当前散布于全球的处于价值链上的企业进行着设计、产品开发、生产制造、营销、交货、消费、售后服务、最后循环利用等各种增值活动。

① 宏碁集团创办人施振荣先生在 1992 年提出了有名的"微笑曲线"（Smiling Curve）（见下图）理论。微笑曲线理论的形成，源于国际分工模式由产品分工向要素分工的转变，也就是参与国际分工合作的世界各国企业，由生产最终产品转变为依据各自的要素禀赋，只完成最终产品形成过程中某个环节的工作。最终产品的生产，经过市场调研、创意形成、技术研发、模块制造与组装加工、市场营销、售后服务等环节，形成了一个完整链条，这就是全球产业链，它一般由实力雄厚的跨国公司主导。以制造加工环节为分界点，全球产业链可以分为产品研发、制造加工、流通三个环节。从过程产品到最终产品，再到最终产品销售，产业链上各环节创造的价值随各种要素密集度的变化而变化。（转下页注）

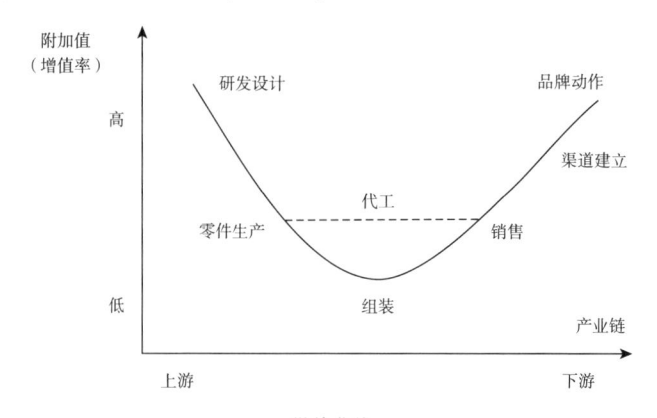

微笑曲线

过程中，国际国内市场逐步统一，国内经济与国际经济逐步融合，生产要素在全球范围内优化配置。所有这些过程都依赖市场背后的规则、法律、规范的趋同协调来实现。[①]但同时应看到，市场全球化也是一个"极化"（pyramiding）过程。处于利润链顶端的国家和地区（在位者）必然偏好固化这种分配关系，而处于利润链底端的国家和地区（挑战者）则企图不断颠覆此种分配关系。这种竞争与冲突的关系不仅体现在商事领域，还渗透于政治、文化、规则制定等各方面。

由此，新兴工业化国家（处于产业链的底端）试图以政府主导型的经济发展模式，即利用政府对企业（主要是国有企业）的资助，实现产品、技术的升级换代，来提升本国企业在国际产业链上的位置，从而占据国家博弈的主导权。欧美等市场经济发达国家（处于产业链的顶端）则意图通过重构国际经贸投资规则，固化既得利益分配模式，以"竞争中立"等规则规制新兴工业化国家的发展模式，从而抑制其国际竞争力的提升。

当前，我国国有企业是社会主义公有制经济在生产分配环节的主要表现形式，在经济发展中扮演着独特且重要的角色。随着我国经济的深入发展以及经济结构转型升级，国有企业在部分领域限制竞争、阻碍市场作用发挥的问题，以及如何对国有企业进行分类分

（接上页注①）发展中国家的企业由于缺少核心技术，主要从事制造加工环节的生产。然而，无论加工贸易还是贴牌生产，制造加工环节付出的只是土地、厂房、设备、水、电等物化要素成本和简单活劳动成本，虽然投入也很大，但在不同国家间具有可替代性，企业争取订单时，常常被压低价格。而跨国公司掌握研发环节和流通环节，其所投入的信息、技术、品牌、管理、人才等属知识密集要素，比制造加工环节更复杂，具有不可替代性。同时，面对复杂多变的国际市场，研发和流通环节要承担更大的市场风险，按照合同完成订单生产即可分享利润的制造加工环节并不负责产品销售，市场风险极低。按照成本与收益、风险与收益正比匹配原则，跨国公司作为生产过程的最大投资者和最终产品销售的风险承担者，自然成为最大的受益者。

① 沈四宝教授课堂讲义。

层管理等问题，日益引起中央决策部门的重视。党的十八大以来，中央连续出台多项涉及国企改革的政策文件，在推动国有企业分类、国有企业现代化改造和国有企业法制建设等方面，取得了较大成效，但仍有一定不足。政府主管部门与国有企业的关系，以及政府给予国有企业的特殊优惠政策，日益成为国企改革的重要方面，归结起来实际上是政府在市场竞争中如何处理与国有企业的关系，是保持中立还是偏袒对待。所谓"竞争中立"，简单地说，就是国家在市场竞争问题上保持中立，不对特定的企业（特别是国有企业）进行优待。

国际上对竞争中立的实践也越来越丰富。有的国家已经制定了较为成熟的竞争中立制度，如澳大利亚；有的国家或地区联盟有较为成熟的处理政府与国有企业关系的竞争中立制度；有的国际组织已经建立了具有一定推广意义的竞争中立制度体系，如经济合作与发展组织（OECD）；还有国家在区域自由贸易协定中，强行推广标准过高的竞争中立规则，如美国在 TPP 中扮演主导规则制定的角色。竞争中立最先是以一种"国内改革措施"的方式，由澳大利亚在 20 世纪 90 年代提出并付诸实施的，目的是在一个主权国家的内部，通过一定的程序与机制，来解决国有企业因为所有制或国家的特殊对待而享有的不公平竞争优势的问题。进入 21 世纪以后，竞争中立日益演变为美国诘难发展中经济体利用国有资本参与国际竞争的理论立足点。个别西方国家试图通过在国际层面架构一套具有约束力的竞争中立制度，对抗被其称为"国家资本主义"的政府支持竞争模式。不同于特定领域的市场开放或贸易、投资便利化措施，这样一套竞争中立制度一旦形成，对于中国经济的影响将是全面且深远的，甚至会直接动摇中国参与全球竞争和国际经贸治理的基础。

由此可以看出，无论是国内的国企改革还是国际经贸规则的制定，竞争中立制度的价值正在被更多的政策制定者所接受，但同时存在部分国家把竞争中立作为一种限制其他国家参与国际市场的工具。因此，如何剖解竞争中立制度的内涵与外延，探究中国在国企改革以及参与国际经贸治理时如何发挥竞争中立制度的应有价值，以及破除竞争中立实施的不利障碍，推动竞争中立制度的法治化，已经成为国内理论界和政府部门共同面临的重大课题。

1.1.2　研究意义

本选题是在全球经济深度整合，国际经贸、投资规则全面重构背景下的一个深化选题。有关这一选题的严肃思考和学术探讨，对于在"现代化"与"全球化"时空交错的历史节点上的中国而言，具有重大的理论与实践意义。

在新时代的发展背景下，国有企业深化改革的目标不再局限于单纯地提高效益，而是更加侧重于在提升经济效益的同时，维护公平的市场竞争秩序。竞争中立无疑契合了这样的改革发展思路，为下一步深化国有企业改革、发展混合所有制经济提供了理论与制度借鉴。

在国际上，《欧洲联盟条约》最早提出了有关国有企业公平竞争的问题。澳大利亚于1994年提出了"竞争中立政策"的概念，并进行了系统的立法。随后，经济合作与发展组织也针对国有企业公平参与市场竞争的问题，进行了全方位的立法。在新时期，美国主导制定了一系列专章规定竞争政策，并将国有企业竞争相关内容纳入其中。本书在研究党的十九大报告的基础上，以当今全球竞争规则为样本，研究竞争政策的发展变化，并结合一些发达国家和地区的竞争中立立法，研究新型贸易规则对我国国有企业改革的影响，为我国国有企业改革与法律治理思路提出理论依据。

同时，党的十八届三中全会及十九大均明确要求继续深化国有企业改革，发展混合所有制经济，培育具有全球竞争力的世界一流企业。这是在新的历史起点上，以习近平同志为核心的党中央对国有企业改革做出的重大部署，表明当前我国国有企业改革进入了"深水区"。随着我国当前社会主要矛盾的变化，以及国际经济形势的进一步演变，国有企业作为国家综合实力和国际竞争力的代表，保持良好的发展势头显得尤为重要。当前，中国国有企业改革并不能使其走出在外贸中面临的困境，改革仍任重道远。因此，研究新一代竞争政策和欧美竞争中立制度的演进和主要内容，总结国外国有企业改革的经验和教训，并结合中国实际提出促进国有企业改革实施及法律治理的路径，具有重要的现实意义。

本书还将为中国企业"走出去"提供智力支持和预案选择。随着经济持续高速增长，我国的海外投资也呈井喷式发展，总量上实现了从吸引外资与海外投资并重向海外投资超越外资流入的过渡。但是，从传统资本输入大国向新兴资本输出大国的转变，不仅是数量上的此消彼长，甚至也不单纯是一种投资结构的转变，从本质意义上说，更是一种视角的转变，使我们审视世界以及如何处理"我国与世界关系"的视角发生了重大转换。

在以往"中国政府—外国投资者"的视角下，内外冲突的"场域"在中国疆界之内，制度设计的宗旨在于引导外国投资者的行为，使之符合中国的整体利益。而在当下"中国海外投资者—外国政府"的视角下，内外冲突的"场域"扩展至对方疆界之内，制度设计的宗旨在于与外国政府行为相协调，以维护中国海外投资者的利益。进而以此为桥梁，在推动中国企业参与更为广阔的世界市场的同时，保障中国企业在世界市场上的投资利益。中国现行经济发展模式决定了在当下及可预期的将来，国有企业是中国海外投资的支柱，这恰恰契合了"竞争中立"所确立的法律规制。因此，在东道国（主要是接受"竞争中立"政策的东道国）的市场上，中国国有企业的海外投资利益和东道国依据"竞争中立"政策所实施的规制行为间的冲突,将会日趋常态化。对此,我们不得不未雨绸缪,制定预案。

自1840年以来,中国在外部环境的压力下,选择了一个由"传统社会"迈向"现代社会"的进化过程——"现代化"进程。这一进程所要解决的核心问题,就是在避免沦为西方殖民地(政治的、经济的、文化的等)的前提下,如何在西方强势文化主导的世界体系中谋求民族的自主和国家的强盛。[①] 百年来,无论是社会实践的变革[②]还是学术思想领域的探讨[③]都是对上述核心问题的回应。出于对"西方"强大物质力量的欲求,我们希望向其学习——因为"西方"标志着现代化的方向;但是,"西方"的强大又反衬出"非西方"的落后,进而我们所意欲学习的对象又构成对国家治理正当性、合法性的挑战力量,所以,我们排斥把自己完全变成我们所学习的对象。这一充满张力的结构构成了我们政策选择、制度设计和学术探讨的潜在框架。

现代化的内容包罗万象,按照"国家—社会"这个二元结构来说,现代化包括国家的现代化和社会的现代化,而在商事领域(市场)社会的现代化基本可由企业的现代化替代。并且,国家的现代化和企业的现代化并非单摆平列,而是"砥砺互构"的关系。在市场中,"竞争"是企业的经营行为,"中立"是国家(政府)对企业经营所持的态度。企业若能置于自由、公平的市场竞争中,并在竞争压力下调整其内部结构——法人治理,能按照商业逻辑(市

[①] 邓正来:《谁之全球化?何种法哲学?——开放性全球化观与中国法律哲学建构论纲》,商务印书馆,2009,第1页。
[②] 如清王朝的"戊戌变法"和"洋务运动"、中华民国的"三民主义"、中华人民共和国的"四个现代化"和"改革开放"等。
[③] 如张之洞的"中体西用"之说,黎澍和李泽厚的"西体中用"之论,胡适和陈序经的"西化"之言,牟宗三的"化西"之语等。

逻辑/竞争逻辑）开展经营活动，则为现代企业。同时，国家（政府）若将资源配置的决定权交还市场自身，并对其参与者一视同仁、不偏不倚，则为现代化国家。所以，竞争中立暗含对国家现代化和企业现代化的双重把握与内在调和。竞争中立的政策要求国家在处理作为市场主体的国有企业和非国有企业、国有企业和外资企业的关系时，保持中立。前者（国有企业和非国有企业的关系）是个改革问题；后者（国有企业和外资企业的关系）是个开放问题。因此，对竞争中立的研究能够生发出多个研究方向。竞争中立（不管其包含的内容为何）将为中国现代化以及参与全球化提供一个参照和进入路径，更为重要的是构建一个具有可操作性、可预见性的规则体系，即建立一个基于多边框架同时符合中国国情的竞争中立规则体系。因为竞争中立本身对于世界各国参与全球化和实现现代化的参照意义是不言而喻的。

  本书还将对中国参与制定、建设国际经贸投资规则和体系做出自己的思考。两次世界大战的爆发，充分展示了以战争这一原始手段解决冲突的野蛮性和残酷性，反对战争、维护世界和平成为世界各国的共识。但是现行国际经贸规则隐藏着巨大的权力不对称，并且这种权力的不对称已深嵌到国际贸易及相关国家的国内法律和规定之中。[1] 中国企业"走出去"所面临的就是一个"非中立"规则环境，这是我们所不能选择的。但是，也应看到国际经贸投资规则的形成，是国际经济活动各参与者之间博弈和合作的产物。随着经济全球化的深入，新兴市场国家和一大批发展中国家快速发展，导致国际力量的对比发生了深刻变化。数百年来，国际争端解决机制从列强通过战争、殖民划分势力范围等非和平方式，逐步向各国以制度规则协调彼此关系的和平方式演进。在国际经济领域，历史上

---

[1] Richard Baldwin、范连颖：《21世纪的区域主义——弥合21世纪的贸易与20世纪贸易规则之间的差别》，《经济资料译丛》2012年第1期，第69页。

最大的一次贸易谈判（关税与贸易总协定乌拉圭回合谈判）所建立的以规则为导向的争端解决机制，有力地促进了国际法作用的发挥。作为乌拉圭回合谈判成果的 GATT1994 是在多边谈判的基础之上制定的。相较于以往制定的国际经贸规则，GATT1994 充分反映了国际民主，从而使这种多边机制具有广泛的合法性基础。国际经贸规则是一个庞大、复杂的系统，其变迁是由它的构成部分逐渐变动累积而成的。本书的研究恰恰是针对上述微观改变提出自己的设想。

1.2 文献综述

1.2.1 国内研究现状

国内关于竞争中立的研究是随着中美、中欧双边投资条约（BIT）谈判的展开以及受自由贸易协定（FTA）、TPP 的影响，首先在对外经贸领域展开的，现在主要处于介绍传播阶段。现有关于竞争中立的研究，主要围绕以下几方面展开：竞争中立的内涵及演进史；美国在国际上推行竞争中立的目的；竞争中立政策对中国的影响及应对之策；TPP 对于竞争中立的分析。现将国内几位学者的研究归纳如下。

（1）张琳、东艳关于竞争中立的介绍及研究。中国社会科学院世界经济与政治研究所的张琳博士、东艳副研究员是国内较早系统研究竞争中立的学者，围绕竞争中立这一主题发表了系列论文。[①]他们研究认为，在全球贸易投资规则体系重塑的过程中，竞争中立

[①] 张琳、东艳：《国际贸易投资规则的新变化：竞争中立原则的应用与实践》，《国际贸易》2014 年第 6 期；东艳、张琳：《美国区域贸易投资协定框架下的竞争中立原则分析》，《当代亚太》2014 年第 6 期；张琳、东艳：《主要发达经济体推进"竞争中立"原则的实践与比较》，《上海对外经贸大学学报》2015 年第 4 期。

原则是一项值得关注的代表性规则。在美国主导的 TPP 谈判中，"竞争中立"是面向 21 世纪的高标准规则之一，它涉及国有企业、竞争政策和投资保护等议题，是美国等发达经济体维护其全球竞争地位的新工具，是中国所面临的外部新挑战之一。他们采用国际政治经济学理论框架，以美国在区域贸易投资协定中推动竞争中立原则为例，分析了其推动新一代高标准贸易投资规则的动因和收益，探讨了国际经济规则调整和实现的具体路径，将国际规则形成机制的分析由宏观层面向微观层面拓展。他们系统介绍了世界主要发达经济体——澳大利亚、欧盟、美国推进竞争中立原则的实践情况；在此基础上对上述经济体推行竞争中立的目的、基本内容、实施效果进行了比较分析；进而指出，发展中国家的经济发展情况与竞争中立原则所涉及的内容有所不同，它们应借鉴发达国家推行竞争中立的经验，化"外部压力"为促进改革的动力。他们从宏观背景到微观层面，分析了竞争中立在国际上被提出的原因，并指出了其在国际经贸规则上"从区域向国际组织演进"、"从非正式规则向正式规则推进"的实现路径。结合中国新一轮深化经济体制改革，构建"开放型经济新体制"的目标，针对竞争中立对中国的影响，他们建议中国将竞争中立原则产生的压力转化为中国经济改革的动力，并积极主动参与竞争中立规则制定。

（2）丁茂中关于竞争中立的研究。上海政法学院经济法学院的丁茂中博士是国内法学界对竞争中立政策研究比较深入的学者之一。他的研究体系性比较强，首先介绍了竞争中立在我国的引入。[①] 他在研究中指出，发挥市场在资源配置中的决定性作用，以及融入多边区域性自由贸易市场的现实需求，决定了我国应当引入竞争中立政策，但也会因此使中国面临政策定位失误、落入国际贸易保护

[①] 丁茂中：《我国竞争中立政策的引入及实施》，《法学》2015 年第 9 期。

主义陷阱、产生经济阶段性波动的潜在风险。对此，他主张我国引入并实施竞争中立政策时必须定位准确，即应当围绕政府促进市场公平竞争的主旨展开。除了非市场化领域的政府管理、外商投资的国家安全审查与引入竞争的非对称性扶持外，竞争中立政策还要求政府必须遵守"交易机会中立"、"经营负担中立"以及"投资回报中立"三大行为准则。他进一步指出，我国应当通过行政执法、政治经济体制改革、竞争倡导等路径来贯彻竞争中立政策，按照"先行试点，逐步推广，对外输送"的模式推进竞争中立政策的实施。

在此基础上，他的研究指向了上述竞争中立框架中的具体措施：①市场准入中立是竞争中立政策的重要行为准则之一，它要求政府在干预市场过程中，应当在经营资质的赋予、业务市场的拓展及商业合同的缔结上保持中立，确保企业能够公平地进入市场从事交易；②竞争中立政策要求政府规制经营者在竞争性市场上实施"以不公平的高价销售商品"时保持中立，包括价格违法认定标准中立、价格违法立案调查中立、价格违法行政处罚中立，以确保各类企业在相关市场上实现公平竞争；③政府补贴中立是竞争中立政策的重要行为准则之一，它要求政府在干预市场过程中，原则上必须在政府补贴上保持中立，包括补贴对象中立、补贴方式中立和补贴标准中立，以确保企业能够在相关市场上公平竞争。①

针对他在《我国竞争中立政策的引入及实施》一文中提到的国际贸易保护主义陷阱和经济阶段性波动的潜在风险，丁茂中专门撰文指出，竞争中立政策发源于澳大利亚的国内经济改革，经过美国的大力传播，目前已经走向国际化。②遏制"国家资本主义模式"，

---

① 丁茂中：《竞争中立政策视野下的价格规制中立研究》，《竞争政策研究》2015年第2期；丁茂中：《竞争中立政策视野下的市场进入中立研究》，《价格理论与实践》2015年第3期；丁茂中：《竞争中立政策视野下的政府补贴中立研究》，《中国矿业大学学报》（社会科学版）2015年第5期。
② 丁茂中：《竞争中立政策走向国际化的美国负面元素》，《政法论丛》2015年第4期。

制定新的国际贸易规则,是美国力推竞争中立政策的主要动因。这使得美国在传播澳大利亚的竞争中立政策过程中,采取了不少断章取义之举,极易误导人们以为竞争中立是针对国企与私企之间的竞争,竞争中立排除政府任何非中立干预。因此,我们必须理性地审视国际社会当前的竞争中立政策并辩证地应用。

（3）应品广关于竞争中立政策的研究。应品广也是一位研究竞争中立的重要学者。[①] 他的研究表明,竞争中立是确保国家在市场竞争问题上对所有企业一视同仁的监管框架。它最初是作为国内改革措施通过国内立法的方式实现的,后来却日渐成为一些西方国家诘难国有资本在国际竞争中享有不公平竞争优势的理论立足点,其实现方式也转变为国际组织的"最佳实践"或"指南"和区域自由贸易协定。针对上述情况,中国可以在国际、国内两个层面做出回应。

在国际层面,中国可以秉持"全球价值链"理念寻求全球竞争的"实质公平",指出竞争中立作为"国内改革措施"和"国际约束规则"的不同,在参与贸易协定谈判时,提出符合自身需求的竞争中立主张;另外,可以利用国际上竞争中立的"不同版本"采取分而治之的策略。在国内层面,竞争中立理念与我国经济体制改革目标是一致的,应予借鉴。但是,竞争中立制度的设计要与一个国家的发展阶段相符合,与一个国家的法制背景相符合。短期内中国可以借助国内自贸区的"试验"探索国有企业竞争中立制度,长期则需要构建符合自身需求的竞争中立体系。中国的竞争中立体系应包括以下内容:界定竞争中立的适用范围;建立竞争中立的投诉机制;构建适合发展中国家的竞争中立评价工具。

[①] 应品广:《竞争中立:中国的实践与展望》,《WTO 经济导刊》2014 年第 6 期;应品广:《解析美国针对国企的竞争中立规则谈判》,《WTO 经济导刊》2015 年第 4 期;应品广:《中国需要什么样的竞争中立（上）——不同立场之比较及启示》,《中国价格监管与反垄断》2015 年第 2 期;应品广:《中国需要什么样的竞争中立？（下）——不同立场之比较及启示》,《中国价格监管与反垄断》2015 年第 3 期。

（4）国内关于竞争中立政策研究的一个基本进路，就是和我国国有企业相联系。代表性的研究成果有以下几个。

胡改蓉研究认为，竞争中立政策的实施，能够有效促进国有企业与民营企业之间的公平竞争，在优化社会资源配置的同时，提升国有企业自身的经营效益。目前我国国有企业在经营中仍有一些不当竞争优势，对此，应在结合域外制度经验的基础上，以竞争中立政策的适用主体与范围为切入点，依据竞争中立政策的基本要求，以政府职能分离规则、防止交叉补贴规则、透明度规则以及合理豁免规则为基本导向，对相关法律制度进行完善。竞争中立政策要求我们必须立足当前经济发展的实际，积极参与国际谈判，争取话语权，为今后我国国有企业乃至整个社会经济的健康持续发展创造良好的市场环境和法制保障。[1]

顾敏康、孟琪研究认为，从表面上看，TPP 似乎与中国的国企没有直接联系，但现实情况是，不管中国是否加入 TPP，都将不可避免地受到 TPP 有关国企条款的直接或间接约束。他们通过对 TPP 中有关国企条款的研究，分析了 TPP 国企条款对我国可能产生的直接和间接影响，并提出了相应的对策，如进一步推进混合所有制，建立健全我国竞争政策。[2]

沈铭辉研究认为，TPP 国有企业条款旨在消除国有企业补贴、海外投资特惠融资、政府采购优惠等。但是美国要求该条款仅约束中央级国有企业，这表明美国推动的 TPP 国有企业条款不仅"制度非中性"，而且带有强烈的歧视性。[3]

---

[1] 胡改蓉：《竞争中立对我国国有企业的影响及法制应对》，《法律科学》（西北政法大学学报）2014 年第 6 期。
[2] 顾敏康、孟琪：《TPP 国企条款对我国国企的影响及对策》，《中国政法大学学报》2014 年第 6 期。
[3] 沈铭辉：《"竞争中立"视角下的 TPP 国有企业条款分析》，《国际经济合作》2015 年第 7 期。

徐昕研究认为，TPP 争端解决机制类似于 WTO 处理补贴与反补贴措施的制度，这与我国的执法理念存在较大冲突，冲突的核心在于争端解决程序、损害认定以及救济措施的范围等法律责任的实质内容。美国推行的国有企业竞争中立条款，强调的是对受影响的私营企业的救济，更多地体现了一种民事责任，这和中国当前法律体系中的责任理念是不同的。[①]

倪萍、朱明鹏研究认为，对中国而言，为应对竞争中立政策带来的负面效应，当前的重点是进一步推进国有企业的公司化改革和市场化改革，并通过采取经济、法律等措施，在竞争性领域实现国有企业和私有企业的公平竞争。[②]

（5）比较不同版本竞争中立之间的差异，分析美国竞争中立的特点。从这个视角进行研究的代表性成果有以下几个。

毛志远研究认为，美国借助竞争中立原则所推出的 TPP 国企条款提案，实质附带减损了协定投资章赋予国企的国民待遇，并可能构成准入阶段的投资壁垒；将管控国企参与境外市场竞争的阶段提前到行为发生之前，可以增大国企境外投资的成本与难度，亦可有效规避歧视他国国企投资的嫌疑；把限制待遇仅与国企身份挂钩而与行为分离，是对企业身份的歧视，也违背了竞争中立原则，而通过持股比例对国企身份的宽泛认定，又为工具化的投资审查提供了可能与便利。[③]

赵海乐研究认为，澳大利亚模式"竞争中立"偏重于规制国有企业的商业行为，核心价值在于给予国有企业与私营企业同等竞争条件。此种模式在国际社会得到了好评，但其国际化却与偏重于规

---

① 徐昕：《TPP 国有企业规则对我国的影响及其应对》，《理论探索》2014 年第 5 期。
② 倪萍、朱明鹏：《竞争中立对我国国有企业的影响及法制应对》，《天水行政学院学报》2015 年第 1 期。
③ 毛志远：《美国 TPP 国企条款提案对投资国民待遇的减损》，《国际经贸探索》2014 年第 1 期。

制国有企业政府职能的美国模式竞争规则产生了直接冲突。美国在国际社会上宣扬的竞争中立政策,更倾向于提出美式竞争条款,同时以竞争中立个别承诺的方式,来约束他国而非本国。这意味着竞争中立国际规则缺乏国际共识,因而至多能够形成国家间契约而非国际造法。对中国而言,中国暂时无须防范竞争中立形成的强制性国际法律规则,但在国家间契约形成过程中,应当注意联合其他国家,谨防多边谈判中的各自为政。[①]

(6) 关于竞争中立的几篇学位论文的述评。

厦门大学包晋博士的《国际经济协定中的竞争中立议题》是这一领域研究的重要作品。他研究认为,既有的国际贸易投资协定谈判中提出的竞争中立方案显示,竞争中立的内容可以分为三大部分:第一,界定国有企业享受哪些优惠待遇;第二,衡量国有企业利用优惠待遇对公平竞争市场影响的程度;第三,引入改革措施以实现竞争中立。不同的方案,反映了不同国家国内竞争法制与实践发展存在的差异。论文通过考察美国提案是否符合机会平等、分配平等和正当性等条件,指出美国提案有针对性地规制发展中国家国有企业,可能会违反这三类条件,从而使提案不符合公平正义的要求。文章强调,基于共同利益的整合策略有助于解决公平正义的要求,在这一策略下,美国需要对提案做出调整,以符合谈判方最低的共同要求。论文最后讨论了竞争中立对中国的影响及其对策。首先,作者认为,对于中国国内而言,接受竞争中立规则,会使鼓励产业创新的措施、国内外资立法中有关准入前国民待遇的内容等受到影响;对于执行"走出去"战略的中国国有企业而言,可能会需要承担着更高要求的信息披露义务。其次,文章还分析了竞争中立如何影响中国缔约实践,指出中国目前开始就竞

[①] 赵海乐:《是国际造法还是国家间契约——"竞争中立"国际规则形成之惑》,《安徽大学学报》(哲学社会科学版) 2015 年第 1 期。

争中立议题展开谈判的可能性不大。最后，中国作为新兴发展中大国，可以在两个层面应对美国在 TPP 和跨大西洋贸易投资伙伴关系协定（TTIP）中提出的竞争中立议题：一是在国内层面通过调整国有企业政策，减少竞争中立的阻力；二是结合美国在 TPP 中制定竞争中立条款所遇到的阻力，利用其他谈判平台，主动影响国际竞争法的制定。

硕士论文如华东政法大学熊轩昱的《比较法视野下的竞争中立规则——兼论其国际造法对中国的影响和应对》，该文比较了澳大利亚、欧盟、美国以及 OECD 等关于竞争中立的概念、构成要素及司法实践，进而指出竞争中立的国际造法对中国的影响。论文最后提出了中国的应对之策：认清竞争中立的"双刃剑"属性；积极参与国际经济合作，掌握规则设计的话语权；以竞争中立规则为契机推动国有企业深化改革。

吉林大学尤文汇在《浅析我国适用竞争中立原则的路径选择》一文中指出，竞争中立原则在适用范围上不能仅局限于国有企业，更深层次上，该原则的适用针对的是以行政性垄断为代表的政府反竞争行为。政府实施的反竞争行为，以及干预市场公平竞争的现象，在世界范围内普遍存在。由于受到计划经济体制和法律制度不完善的影响，我国政府滥用行政权力干预市场、形成垄断的状况仍然存在。该文运用比较分析的研究方法，指出我国在适用竞争中立原则的路径选择上，除了在国内层面完善我国反垄断法、规制行政性垄断行为，在国际层面审慎对待贸易、投资协定谈判中的竞争条款之外，还要尽快建立竞争评估制度，通过对反竞争制度安排的评估，全面评价政府反竞争行为。

此外，还有的学位论文部分涉及竞争中立问题。比如，华东政法大学黄志瑾博士的论文《中国国有投资者境外投资法律问题研究》第四章第三节，专门讨论了"多边投资协定中的竞争中立规则"。同时，他也专门撰文探讨了关于竞争中立国际造法的问题。[①] 黄志瑾指出,中国谈判代表在投资协定谈判中需谨慎评估,尽早掌握话语权;中国需提高国内立法技巧,在技术上融入国际话语体系。另外,西南政法大学王涛的《国有企业海外投资的东道国法律规制研究》第四章第二部分,也涉及对澳大利亚、欧盟等的竞争中立版本的比较,并指出竞争中立由东道国国内法制向国际法制发展的趋势。

1.2.2 国外研究现状

目前,国外直接研究竞争中立的成果并不多见。总体而言,既有研究可以分为两部分,一部分是 OECD 发布的关于竞争中立和国有企业的报告,包括《国有企业和竞争中立原则》[②]《竞争中立和国有企业:挑战与政策选择》[③]《澳大利亚竞争中立和国有企业:实践回顾以及他国借鉴》[④]《竞争中立:维持国有企业与私有企业公平竞争的环境》[⑤]《竞争中立:OECD 建议、指南和最优实践的摘要报告》[⑥] 等;另一部分以竞争中立产生的背景,即国家资本主义,为分析对象,讨论国家资本主义与现有国际规则之间的关系,以及在制定竞争中立规则时应当注意的问题。

(1) OECD 的报告。OECD 早在 2009 年就开始致力于竞争中立(国有企业)的研究工作。关于竞争中立和国有企业的调研报告,

---

[①] 黄志瑾:《国际造法过程中的竞争中立规则——兼论中国的对策》,《国际商务研究》2013 年第 3 期。
[②] OECD, "State Owned Enterprises and the Principle of Competitive Neutrality," 2010.
[③] OECD, "Competitive Neutrality and State-Owned Enterprises: Challenges and Policy Options," 2011.
[④] OECD, "Competitive Neutrality and State-Owned Enterprises In Australia: Review of Practices and Their Relevance for Other Countries," 2011.
[⑤] OECD, "Competitive Neutrality: Maintaining a Level Playing Field between Public and Private Business," 2012.
[⑥] OECD, "Competitive Neutrality: A Compendium of OECD Recommendations, Guidelines and Best Practices," 2012.

主要采取公司治理的进路,同时结合财政透明、税收公平等报告[①]辅助实现,因此这些报告是一个内容庞杂的体系。

概括来说,OECD关于竞争中立的框架依循两条准线:一是政府确保自由竞争市场;二是政府履行公共服务的职能不受竞争中立影响。[②] 其研究认为,国有企业利用和政府的密切联系而享有诸如补贴、税收减免、规则豁免等优惠待遇,从而使其获得私人企业所不具备的竞争优势。依据上述优势,国有企业能够采取掠夺性定价、抬高市场准入门槛、交叉补贴等措施扭曲市场竞争秩序。究其本质,是政府给予国有企业优惠待遇的行为扰乱了公平竞争市场秩序。为了防止国有企业利用优惠待遇进行不公平竞争,同时在不影响它们履行政府公共职能的前提下,OECD有关竞争中立的框架一般依循如下逻辑:首先,区分国有企业商业与非商业行为;其次,通过界定生产成本、定价以及回报率等,判断国有企业是否存在掠夺性定价或低价倾销的不正当竞争行为;最后,从税收、监管、借贷和补贴等方面,要求实行竞争中立,以削减国有企业享有的不正当竞争优势。

然而,OECD关于竞争中立框架的分析,基本上是在国内市场的基础上进行的。它提出的对策也是鼓励各国政府参照"最佳实践"实现国有企业的治理目标,从而达到建立公平竞争的市场环境的目的[③],

---

[①] OECD, "Best Practices Guidelines for Budget Transparency," 2001; OECD, "Restructuring Public Utilities for Competition," 2001; OECD, "Regulating Market Activities by the Public Sector," 2004; OECD, "Predatory Foreclosure," 2007; OECD, "Guidelines on Corporate Governance of State-Owned Enterprises," 2015.

[②] 原因既包括经济方面,又包括政治方面。就经济原因而言,竞争中立得以提高整个市场经济的分配效率,因为当市场主体拥有不正当的竞争优势时,商品和服务将不再由那些最有效地生产它们的市场主体提供;就政治原因而言,政府的职能应当定位为既保障市场公平竞争,同时能够提供公共服务。OECD, "Competitive Neutrality: Maintaining a Level Playing Field between Public and Private Business," 2012, p. 9.

[③] OECD, "Competitive Neutrality: A Compendium of OECD Recommendations, Guidelines and Best Practices," 2012, p. 5.

却极少涉及跨境或者国际层面的问题。①

（2）竞争中立与现有国际规则。竞争中立的提出与所谓"国家资本主义"的再度兴起是紧密相关的。"国家资本主义"并不是一个新概念，但它近几年之所以受到特别关注，是因为在 2008 年国际金融危机爆发后，一些发展中国家或新兴市场国家，尤其是"金砖国家"（BRICS）的国有企业、主权财富基金逐渐进入发达国家市场。关于新兴的国家资本主义，有学者将它界定为"国家发挥经济领导作用，利用市场获得政治利益"，在国家资本主义模式下，国家通过石油公司、国有企业、私有龙头企业和主权财富基金进行海外市场扩张。② 竞争中立的目的就在于，通过规范国家与国有企业或国家控制企业之间的关系，限制国家干预国际市场。

第一，世界贸易组织（World Trade Organization，WTO）协定。有学者较为系统地探讨了 WTO 协定对于国有企业的规范问题，他们分析了这些协定或条款——主要包括国有贸易公司条款，反补贴、反倾销和政府采购等协定——在规范国有企业方面存在的问题。③ 有学者从《中华人民共和国加入世界贸易组织议定书》出发，讨论了 WTO 规则如何规范中国国有企业的问题。他认为，虽然 WTO 协定中有关国有企业条款、反补贴协定的规定并不详细，但《中华人民共和国加入世界贸易组织议定书》的规定更加严格，其结果便会使 WTO 专家组和上诉机构，将来很容易适用 WTO 规则来应对中国"国家资本主义"的争端问题。④

---

① OECD, "Competitive Neutrality: A Compendium of OECD Recommendations, Guidelines and Best Practices," 2012, p. 42.
② Ian Bremmer, "State Capitalism Comes of Age, the End of the Free Market?" *Foreign Affairs* Vol. 88, No. 3, 2009, p. 42.
③ P. Kowalski et al., "State-Owned Enterprises: Trade Effects and Policy Implications," *OECD Trade Policy Papers*, No. 147, 2013.
④ Ming Du, "China's State Capitalism and World Trade Law," *International and Comparative Law Quarterly*, 2014, pp. 426 – 448.

第二，投资条约。从母国责任的角度出发，有学者认为，在国际投资法语境下，应当审视投资条约所规范的国有企业的母国给予国有企业优惠待遇的正当性。以2007年至2011年海外投资数额排名前十的发达国家和发展中国家为研究对象，他们发现这些国家至少采取了设立扶持机构、提供信息、资金资助、财政支持等其中一种措施，以鼓励本国企业海外投资，增强其市场竞争力，只是存在频率和程度上的差异。[1] 其中，企业所有权模式不是企业获得上述优惠的条件。因此，他们提出，制定竞争中立的规则时应当注意以下几方面内容。首先，国有企业似乎不应受到"特别"对待，因为获得母国的支持措施并不以所有权为条件。如果以国有企业为规范对象，那么国有企业的公共职能不能忽略。其次，扭曲市场的原因不是国有企业所有权本身，而是母国的支持措施。那么，如何应对母国支持措施的正当性？因为这些措施可能是为了补救国际市场失灵。最后，发达国家以往通过各种优惠措施支持跨国公司海外扩张，如今却只规制新兴国家的国有企业，这会不会有不正当竞争的嫌疑？

有学者从东道国责任的角度审视竞争中立，这主要涉及国民待遇、公平公正待遇问题。例如，1983年美国双边投资条约（BIT）范本第2条第6款涉及"公平竞争"问题，该款规定缔约一方所有或控制的投资，倘若与缔约他方投资处于"竞争"地位，那么后者将有权获得类似前者获得的更优惠待遇。然而，随后的美国BIT范本删除了该条款，其原因可能是，国民待遇被认为足以涵盖这一情形，并且美国认为很难与其他谈判方就该条款展开谈判。[2] 又如，

---

[1] K. P. Sauvant et al., "Trends in FDI, Home Country Measures and Competitive Neutrality," *Yearbook on International Investment Law & Policy 2012–2013*, 2014, pp. 122–123.

[2] K. J. Vandevelde, *U. S. International Investment Agreements*, Oxford University Press, 2009, pp. 384–385.

20世纪中期前，公平公正待遇已经适用于一些贸易协定（如美国与加拿大、洪都拉斯、危地马拉等国签订的贸易协定），并被作为约束国有垄断企业行为的条款，旨在确保美国投资者在海外市场获得平等的市场准入和准入后待遇。[1]

第三，国内规则。随着国际法的发展，国内法和国际法之间的界限不再那么明显，国家往往需要制定或者修改国内法，以履行国际法下的义务。相关的国内法主要包括反垄断审查法（国有企业准入阶段）、反垄断法和反不正当竞争法（国有企业准入后）。实践中，国有企业所有权是否会成为国内法规范的对象？有的学者指出，在反垄断审查阶段，所有权是相关的考虑因素[2]；还有学者提出，我们不应局限于"国家所有"的模式，而应从国家控制的角度理解国家与企业之间的关系，从而对政府控制的企业开展上述审查或调查，以应对国家资本主义。[3]

（3）TPP谈判。2011年11月，美国在TPP谈判中确定了包括竞争中立在内的五大横向议题[4]，受到相关国家、企业和学者们的

---

[1] T. Weiler, *The Interpretation of International Investment Law: Equality, Discrimination and Minimum Standards of Treatment in Historical Context*, Martinus Nijhoff Publishers, 2013, pp. 194-197.

[2] Angela Huyue Zhang, "The Single-Entity Theory: An Antitrust Time Bomb for Chinese State-Owned Enterprises?" *Journal of Competition Law and Economics*, Vol. 8, 2012, p. 814.

[3] C. J. Milhaupt & Wentong Zheng, "Beyond Ownership: State Capitalism and the Chinese Firm," *Georgetown Law Journal*, Vol. 3, 2015.

[4] 横向议题（horizontal and cross-cutting issues）是相对于纵向议题而存在的。常规FTA涉及的议题和问题，如关税、原产地规则等，基本上属于传统意义上的纵向议题。谈判者通过磋商、谈判过程，协调差异，平衡各方利益诉求。各方一旦就某个议题达成一致，即可转入另一个纵向议题谈判。纵向议题之间界限清晰，因此谈判和实施过程较为明确，相对而言，也比较容易管理。所谓横向议题，则是从横平面方向对全部或者部分纵向议题产生影响的议题。某个横向议题及其原则规定一旦由谈判国家达成一致，将被运用于自由贸易协定各章节主题。这些章节的主题或者议题，需要服从于任何一个横向议题提出的规则要求。横向议题一直是TPP谈判关注的焦点。参见蔡鹏鸿《横向议题：TPP谈判重点及其影响》，http://www.360doc.com/content/13/1230/15/14685785_341248611.shtml，最后访问日期：2015年12月15日。

高度重视。一些文献概括描述了竞争中立的内容以及它规范的对象。① 有学者从正当性这一视角审视竞争中立政策，认为其实质上是美国强行要求 TPP 其他成员接受这一规则，因而缺乏正当性。② 这一观点是有待商榷的，原因有二。第一，这一主张没有充分地反映客观事实。美国选择 TPP 这个平台，并将中国等国家排除在外，就是因为这样更容易争取到谈判方的支持，这是一个外交策略，实际上表示接受或者有条件地接受竞争中立的国家，并不在少数③。第二，这一主张以"所有国家利益一致"为论证基础。但若如此，任何国际法都不可能具有正当性，因为任意议题都会存在国家利益的分歧。

1.3 研究内容及研究方法

1.3.1 研究内容

竞争是市场的核心，竞争机制作用的有效发挥是市场有效配置资源的基础。有效发挥市场的竞争机制的作用，需要一个自由、公平的竞争市场环境。市场经济本质上是法治经济，一套完整的市场经济法律体系，是市场经济健康有效运行的前提。实现自由、公平

---

① 王婷：《竞争中立：国际贸易与投资规则的新焦点》，《国际经济合作》2012 年第 9 期；赵学清、温寒：《欧美竞争中立政策对我国国有企业影响研究》，《河北法学》2013 年第 1 期；唐宜红、姚曦：《竞争中立：国际市场新规则》，《国际贸易》2013 年第 3 期；黄志瑾：《国际造法过程中的竞争中立规则——兼论中国的对策》，《国际商务研究》2013 年第 3 期；徐昕：《对跨太平洋伙伴关系协议（TPP）推动国有企业规则的国际法学反思》，中国国际经济法学会年会论文，武汉，2014 年 11 月；张琳、东艳：《国际贸易投资规则的新变化：竞争中立原则的应用与实践》，《国际贸易》2014 年第 6 期。
② 徐昕：《对跨太平洋伙伴关系协议（TPP）推动国有企业规则的国际法学反思》，中国国际经济法学会年会论文，武汉，2014 年 11 月，第 765 页。
③ 包晋：《TPP 中的竞争中立议题：反对意见及可能的解决方案》，《武大国际法评论》2015 年第 1 期。

的竞争市场环境，离不开竞争法律制度的保障。随着我国国有企业改革的深入，以及国际上如火如荼的国际经贸治理规则新一轮谈判的展开，竞争中立制度越来越需要我们的重视。本书的研究框架与内容如下。

第一章绪论介绍了国有企业竞争中立规则中国化的研究基础，特别是详细梳理了国内外有关研究现状，并进行了评析。对国有企业竞争中立规则中国化研究的主要背景进行了介绍，即"国企改革之内忧，国际经贸规则治理之外患"。由此引出研究主题，即国有企业竞争中立规则的中国化。

第二章着重梳理和分析了国内外有关竞争中立的基本理论，厘清了复杂理论的逻辑脉络，挖掘了竞争中立理念及其规则的基本内涵，以及竞争中立的理论基础。紧接着分析论证了竞争中立的特征、一般适用范围、基本构成、非竞争中立的表现形式。

第三章考察了澳大利亚、OECD、欧盟、TPP不同版本的竞争中立政策，在理念、制度和规则方面的差异及其背后隐含的逻辑理路，通过总结和分析不同版本之间的共性与个性，凸显不同发展阶段竞争中立的理念及其在制度选择上的差异性，继而指出中国实施竞争中立制度的应有方向。

第四章先是分析了当前我国国有企业的发展及问题，然后对竞争中立制度的现状（包括法律实践、政策实践、具体实践以及我国国有企业参与竞争所存在的问题）进行了阐释，并且从发展模式的角度，进一步分析了竞争中立视角下国企条款对我国的有利影响与挑战。

第五章分析论证了竞争中立在我国实施的必要性与可行性，为实施我国竞争中立制度的具体路径选择，提供了理论上的支持。该章首先明确了我国在竞争中立问题上的几点原则，之后勾勒出我国竞争中立制度的基本构成，包括基本概念、适用范围、行为规则、实施机制、配套机制以及具体实施步骤与环节。最后，提出了我国在国际经贸规则治理中的应对策略，即理性认识竞争中立制度对我国国际贸易的不利影响，倡导回归多边合作机制，以防止区域孤立主义的滥用。同时，以竞争中立制度在国际经贸治理领域的兴起为契机，变"压力"为"动力"，为推动我国国有企业的改革献计献策。

1.3.2 研究方法

（1）历史分析方法。"竞争中立"并非国际贸易投资协定中的一个新概念。早在20世纪20年代，在由国际联盟主持的世界经济论坛上，就有专家提出各国应当合作应对国际卡特尔组织，以促进公平竞争。[①] 随后，在《哈瓦那宪章》、GATT/WTO谈判中，谈判各方均试图制定一个竞争协定，但都没有取得成功，这与各国国内竞争体制发展水平各异有关。本书运用历史分析的方法，对国际贸易协定中有关竞争政策谈判史的分析，有助于在国际贸易协定中，纳入和适用"竞争中立"规则亟待解决的国际法问题。

（2）比较分析方法。古罗马著名学者塔西陀曾说："要想认识自己，就要把自己同别人进行比较。"比较是认识事物的基础，是人类认识、区别和确定事物异同关系的最常用的思维方法。尤其在法学研究中，比较研究在方法体系中居于举足轻重的地位。在竞争中立规则的国际实践中，美国、澳大利亚和OECD都先后提出或发布了关于竞争中立的提案或报告。虽然在规范对象的范围、实施规则的方案、监督机构等方面存在不同，但它们在主张规范政府与国有企业之间关系的问题上看法一致。对这些差异与共性的准确理解，有助于我们全面地认识竞争中立议题，并在此基础上实现相关

[①] C. Bartok & S. Miroudot, "The Interaction Amongst Trade, Investment and Competition Policies," *OECD Trade Policy Papers*, No. 60, 2008.

规则的协调融合。

（3）法律的经济分析方法。法经济学是运用有关经济学的理论、方法，来研究法学理论和分析各种法律现象的学说，已成为具有国际影响力的法学理论之一。该学说的预设前提是，所有的法律活动，包括一切立法、司法以及整个法律制度体系，事实上都起到了分配稀缺资源的作用。在此基础上，这些法律活动都应以资源的有效配置和合理利用，即"效率最大化"为目的。为此，运用经济分析的方法，将有助于我们在不同学科成果的基础上，考察和分析竞争中立制度。

第二章
竞争中立概述

2.1 竞争中立相关概念的界定

2.1.1 竞争中立

竞争中立包含"竞争"和"中立"两个基本概念。

首先,竞争涵括了以下几个要素。

(1) 竞争范围。竞争总是相对于非竞争而言的,竞争作为人类的一种社会活动有其自身的边界。竞争的边界也即"竞争中立"适用的范围。竞争存在的正当性在于效率,所以,在竞争的边界当中,隐含着效率的内涵。一般认为,竞争开始变得没有效率的地方就是竞争的边界,竞争没有效率的地方就存在市场失灵的现象。

(2) 竞争主体——竞争者。在市场当中竞争者是一个独立的成本效益分析单位,它对于成本、效益有着很强的敏感性(经济学一般用"弹性"这一概念表述)。竞争者有自然人、法人和非法人组织等形态,自然人天然具有上述"成本—效益"的敏感性,法人通过一定的产权安排,人为地构造出一个"成本—效益"传动机制。

(3) 竞争客体——竞争产品。

（4）竞争行为——主要指商事行为。

（5）竞争目标——利益争胜。

（6）竞争调整的宗旨——公平竞争。

既然竞争本质上是一种在市场上以付出某种成本为代价而获取利益的行为，那么在这种行为的结构中，成本是客观的要求，利益是主观的感受。利益表现为"成本"和"效益"的耦合，"成本"是"效益"的约束，"效益"是"成本"的目标。在这种行为意志结构中，为了获得更大的利益而尽可能地压低成本——摆脱"成本"的约束，乃是"竞争"的题中应有之义。它的极端形式就是只享受效益而不负担成本——此时竞争已经被它自身所淘汰，走向了自己的反面。所以，竞争本身包含着否定自身的因素，自由竞争的结果必然会走向自己的反面——反竞争（不正当竞争、垄断等）。这种发展过程是其自身合乎逻辑的演绎结果，所以，反竞争的问题往往无法靠竞争自身解决，需要一种外在的力量来规范竞争活动中的行为，以维系公平的竞争。因为，竞争当中也必然包含着"秩序"内容的存在。这种秩序并非竞争所内生的，而是需要国家的竞争政策、竞争执法活动才能建立。

其次，中立。它的含义包括以下几点。

（1）不偏不倚，一视同仁。

（2）政策的制定、执行，不以竞争主体的身份为依归。中立的目标是追求实质公平而非绝对平等，不能将其机械地理解为政府与所有相对人的距离相等。政策作为利益平衡机制，势必带有一定的倾向性，只是这种倾向性不以竞争主体的身份为依归。"内举不避亲，外举不避仇。"国际社会制定竞争政策是为了矫正市场失灵。古今中外，世界各国针对市场失灵情况都通过产业政策、竞争政策制定了"非中立"的措施，其出发点和调整宗旨在于对市场竞争秩序的恢复和维系。这种形式上的"非中立"措施，因在精神上与

"竞争中立"的内涵相一致,故仍然符合竞争中立的要求。

（3）针对国际市场的政策矫正。与国内市场可能失灵一样,国际市场在理论上及实践中都可能存在失灵的情形。国际规范的基础是国际现实市场,市场是现实的,也是历史的,因为现实和历史不可隔断。[①] 国际范围内的竞争活动将竞争者携带着的基于历史所形成的、结构性的不平等（优势/劣势）也带到国际市场交易中,从而导致国际市场的失灵。竞争者母国会有针对性地利用产业政策、竞争政策、税收政策、金融政策、贸易政策来矫正国际市场失灵。新型工业化国家的国有企业政策,乃至市场经济发达国家的"竞争中立"政策,都是上述单边主义国内政策的一部分。跨越国境的商品、服务、投资活动具有属人优越权,使得国家的管辖权具有溢出效应。

最后,"竞争"和"中立"的关系。

"竞争"是目标,"中立"是手段、路径和过程。竞争的"任性""野蛮生长"必然走向自己的反面,中立措施可将竞争力量纳入理性的轨道。中立政策不加限制会导致国际竞争主体陷入贸易保护主义的泥淖,对竞争秩序（国际市场）产生负面的影响。在国际市场,各主权国家的产业政策、竞争政策具有溢出效应,从而会影响到其他竞争者/国家的利益,形成相互冲突的后果（各国通过制定规则分割全球化的利益）。这就需要建构一个以"规则导向"为主的全球性框架,以平衡各国的政策冲突,而这个全球性框架必须以全球性商事行为的公平、理性竞争为指针。竞争中立作为上述框架的一个重要参照,应从理念、体系、制度等维度制定。

2.1.2 边界后规则

边界后规则指的是深化的国际经贸新规则不应当像传统的经贸

[①] 韩立余：《国际法视野下的中国国有企业改革》，《中国法学》2019年第6期，第161~163页。

规则那样将规范的重点放在边境措施上。深化的经贸规则将规制的触角越过边境延伸到一国内部，规范的问题也溢出经济贸易领域而进入更为广泛的社会领域，要分割传统上属于一国内政的治理权，参与东道国产业政策、竞争政策的制定。因此，边界后规则的本质就是"去边界规则"或者"去主权规则"（硬球理论）。在威斯特伐利亚体系下，国家主权被形象地描述为一个球体的坚硬外壳，用于保护其相对柔软的内部。[①] 在硬球与硬球的相互撞击中，其坚硬的外壳逐渐松动。如果说，参与缔结条约就是让渡本国部分经济主权，而交由国际组织统一配置，那么一国究竟可以在多大程度上让渡其国家主权？其能够让渡的底线在哪里？影响其主权让渡的因素又都有哪些？

国际条约只是形式上的平等，它从来都不是一个利益平等的框架，实际上，它是一个以平等形式掩盖权力失衡的制度安排。因此，就上述所谓主权让渡的现象来说，在现实的国际经贸关系中，就表现为弱国向强国让渡经济主权，从而形成一种主权"极化"的过程。其结果就是对威斯特伐利亚体系的一种"反动"，是向威斯特伐利亚体系所颠覆的帝国秩序的"回归"。其实，比边界后规则的提法更早的是发达国家的实践，只是其并非发生在国际条约谈判和缔结的场合，而是发生在国内法上。经贸发达国家贸易经济体量巨大，使调整上述经贸活动的法律规范的效力推及交易对方的国内范围，从而实际上使得该国国内法的影响侵入缔约对方国家的边界范围之内。例如，在对外国产品适用反补贴措施、征收反补贴税时，有两种思路：一种是消除补贴行为对本国造成的损害；另一种是剔除补贴。前一种思路之下，征收的标准是损害的数额，因而损害是其构成要素。而后一种思路之下，征收的标准则是补贴的多少，因

[①] 任东波：《历史与理论的张力：反思"威斯特伐利亚"》，《社会科学文摘》2019年第8期，第91~93页。

而其构成要素中必然包括补贴数额。保护本国国民的利益是国家的一项义务，所以合乎逻辑的做法就是消除损害，征缴反补贴税额应以损害数额为准。如果在消除损害之外，扩大补贴数额，则是对国家主权的一种削弱，因为补贴是一种国家主权范围内的事情。

再如，条约未尽之事宜由国际裁决机构决定也是一个例子。国际条约的制度设计来源于国内法中的契约理论。按照该理论，契约在当事人之间具有法律效力（契约是双方当事人意思自治的产物），意思自治是契约效力正当性的基础。契约条款未约定的内容应交由缔约双方基于意思自治决定，以明确当事人意思与契约之间"源"与"流"的关系。但是出于公益/效率的考虑，交由法官在当事人意思未明之处重建契约，以补充当事人意思之隙漏。但是，这个逻辑在国际法上的适用似有不妥。因为与国内法不同的是，国际社会处于"无政府状态"，即截止到目前，尚没有一个国际组织或机构形成超越所有主权国家的权威。如果将国际条约未尽之事宜，交由国际裁决机构来补充，在某种意义上也是对缔约国主权的一种侵蚀。再有就是在国际投资争端解决中心（ICISD）的这种纠纷解决模式之中，也在某种程度上存在对国家主权的消解。

2.1.3　例外条款

有原则就有例外，国际经济规则体系是由一系列的原则和例外组成的复杂行为规范系统。例外不能机械地理解为对原则的反对，只是在例外的构成要素具备时，东道国主张免于承担原则所设定的义务，且不用承担相应的责任。国际经济规则之所以在原则之下允许例外（豁免条款）的存在，是因为每种例外都有其正当性、合法性，而这种正当性、合法性和原则所追求的宗旨是一致的。这也决定了从体系角度把握经济规则的必要性和重要性。这些例外情况在WTO中有着完整的规定，其第20条主要规定了典型的例外情况：

一般例外、国家安全例外、国际收支例外、公共道德例外等。

如上所述，例外条款的存在，不是对原则的颠覆，而是对原则的维护，是对当代国际秩序的维护。当代国际秩序发端于三十年战争结束后的《威斯特伐利亚和约》，该和约的签署在国际法上具有里程碑意义。它宣告了国际关系领域帝国秩序的终结，建立了民族国家基础上的主权秩序——威斯特伐利亚体系[1]。虽然在经济全球化的冲击之下，全球治理理念开始流行，一些主权国家内部区域政治力量抬头，国际层面非政府组织（NGO）的作用日益受到重视，"去主权化"的理论渐成气候，但是建立在主权国家基础上的威斯特伐利亚体系，仍然是国际政治、经济、社会秩序的基石。以WTO例外条款为例，WTO继承了GATT的衣钵，秉承贸易主义，其宗旨是要靠对缔约国经济主权的让渡（表现为缔约国的义务）来实现的。但是，这种让渡必须是有底线的，当这种让渡威胁到或者可能威胁到其核心利益——国家主权的核心内容（威斯特伐利亚体系的基础）时，对缔约国的豁免条约就表现为例外条款。

2.1.4 规制权

规制权是"市场规制权"的简称，具体可以分为市场规制立法权和市场规制执法权，从具体领域来看，其主要包括对垄断行为、不正当竞争行为、侵害消费者权益行为的规制权，特别是对价格、质量、广告、虚假信息、滥用优势地位以及其他违反公认的商业道德等行为的规制权。市场规制是指国家通过制定行为规范引导、监督、管理市场主体的经济行为，同时规范、约束政府监管机关的市场监管行为，从而保护消费主体利益，保障市场秩序。它具体表现为完善市场规则，有效地反对垄断，制止不正当竞争，保护消费者

---

[1] 也称为"维也纳体系""凡尔赛—华盛顿体系"。

权益。市场规制，即对市场的规制。"规制"一词，是日本经济学家创造的译名。它来源于英文 regulation 或 regulatory constrain，其含义是有规定地管理，或有法规条例地制约。有的文献（如《新帕尔格雷夫经济学大辞典》）将 regulation 译为管制，将其反义词 deregulation 译为放松管制或放松规章限制。在汉语词汇中，"管制"很容易使人联想到统制经济和命令经济形式，而"规制"更接近英文原义，它所强调的是，通过实施法律和规章制度来约束和规范市场主体及其行为，故称之为"规制"更为恰当。正因为这一区别，"管制"往往被用来描述计划经济体制，"规制"往往被用来描述市场经济体制。

市场规制权的特征主要表现在以下几个方面。

（1）规制主体的公共性。在经济法学界，金泽良雄将规制限定为公的规制。它是指在以市场机制为基础的经济体制下，以矫正或改善市场机制内在的问题（广义的"市场失灵"）为目的，政府干预市场主体（特别是企业）活动的行为。随着社会经济的发展，非政府公共机构也成为规制主体。鉴于对权力的怵惕之心，市场规制必须有一定的客观标准和办事程序。故市场规制的公共性，除规制主体的公共性外，还应当包括规制标准和程序的公共性。

（2）规制角度的限制性。公共机构干预经济活动有积极指引和消极限制两种角度。市场规制属于后者，即为了维护公共利益，通过限制市场主体的意思自治，对阻碍市场机制发挥应有功能的因素加以限制，如价格限制、数量限制或经济许可等。

（3）规制政策的动态性。由于市场的不确定性，市场规制始终处于动态之中。作为经济政策的一部分，规制政策的选择——如对什么进行规制、对什么不进行规制、从紧规制还是放松规制、规制的松紧如何结合等，属于公共选择，随着社会经济形势的变化而呈现动态变化。

（4）规制内容的经济性。如前所述，依规制内容可分为经济性规制、社会性规制和辅助性规制。市场规制是以克服"市场失灵"为出发点的经济性规制，它以反不正当竞争、反垄断和保护消费者权益为着力点，维护市场秩序。

（5）规制范围的微观性。市场规制虽然会对宏观经济产生影响，但其直接对象是微观经济行为。

2.1.5　比例原则

比例原则是许多国家、国际组织（涵括超国家组织）行政法上一项重要的基本原则，是指除了行政权力的行使具备合法性这一前提外，行政主体还必须选择对人民侵害最小的方式。这一原则要求行政主体实施行政行为时，兼顾行政目标的实现和对相对人权益的保护，如果行政目标的实现可能对相对人的权益造成不利影响，则这种不利影响应被限制在尽可能小的范围和程度之内，二者有适当的比例。

比例原则着眼于"法益"的均衡，以维护和发展公民权为最终归宿，是行政法上控制自由裁量权行使的一项重要原则。学界通说认为，比例原则包含适当性原则、必要性原则和狭义比例原则三个子原则。

（1）适当性原则。又称为妥当性原则、妥适性原则、适合性原则，是指所采行的措施必须能够实现行政目的，或至少有助于行政目的实现，并且是正当的手段。也就是说，"目的—手段"的关系必须是适当的。适当性原则是一个"目的取向"的要求。通说认为，即使只有部分有助于目的之实现，也不违反适当性原则，并且这个最低标准不是以客观结果为依据的，而是以措施做出时有权机关是否考虑到相关目的为准的。在行政实践中，任何一个措施都"多多少少"有助于实现目的，因此本原则实际很少起作用。这也是比例原则"三分法"受到非议的原因所在。

(2) 必要性原则。又称为最少侵害原则、最温和方式原则、不可替代性原则,是指在前述适当性原则获得肯定后,在能实现法律目的的诸方式中,应选择对人民权益造成最小侵害的方式。换言之,已经没有任何其他能给人民权益造成更小侵害,而又能实现目的的措施来取代该项措施了。这里实际包含两层意思:其一,存在多个能够实现法律目的的行为方式,否则必要性原则将没有适用的余地;其二,在能够实现法律目的的诸方式中,选择对公民权益侵害最小的一种。可见,必要性原则是从"法律后果"上来规范行政主体与其所采取的措施之间的比例关系的。中国的成语"杀鸡焉用宰牛刀"可以看作对这一原则的最好诠释。

(3) 狭义比例原则。又称为相称性原则、均衡原则,即行政主体所采取的措施与其所想要达到的目的之间必须合乎比例或相称。具体讲,就是要求行政主体在面对多个可供选择之方式时,应就方法与目的的关系选择更有利者为之。狭义比例原则是从"价值取向"上来规范行政主体与其所采取的措施之间的比例关系的。但其所要求的目的与手段之间关系的考量,仍需要根据具体个案来决定。也就是说,狭义比例原则并非一种精确无误的法则,它仍是一个抽象而非具体的概念。[①] 当然,狭义比例原则也不是毫无标准,至少有三项重要的因素需要考虑:"人性尊严不可侵犯"的基本准则、公益的重要性、手段的适合性。

综上所述,适当性原则要求手段有助于目的的实现,必要性原则要求实现目的的手段是造成最小侵害的,而狭义比例原则是通过对手段负面影响的考量,要求目的本身的适当。质言之,比例原则的这三项子原则分别从"目的取向""法律后果""价值取向"上规范行政主体的目的与其采取的措施之间的比例关系。三者相互联

[①] 谷川:《欧盟法的一体化之维:基础、协调及秩序运作》,《北京工商大学学报》(社会科学版) 2014 年第 6 期,第 115～118 页。

系、不可分割，构成了比例原则完整而丰富的内涵。其核心在于通过衡量目的与手段，兼顾国家、社会及公共利益，同时又不妨害第三人的权利，确保基本人权的实现。

2.2 竞争中立的理论基础

2.2.1 历史溯源

一般认为竞争中立源自1996年澳大利亚的国内改革[①]，除个别

[①] 王婷：《竞争中立：国际贸易与投资规则的新焦点》，《国际经济合作》2012年第9期，第75页；唐宜红、姚曦：《竞争中立：国际市场新规则》，《国际贸易》2013年第3期；李晓玉：《"竞争中立"规则的新发展及对中国的影响》，《国际问题研究》2014年第2期，第130页；汤婧：《"竞争中立"规则：国有企业的新挑战》，《国际经济合作》2014年第3期，第46页；陈志恒、马学礼：《美国"竞争中立"政策：平台、特点与战略意图》，《吉林师范大学学报》（人文社会科学版）2014年第5期，第67页；张琳、东艳：《国际贸易投资规则的新变化：竞争中立原则的应用与实践》，《国际贸易》2014年第6期，第48页；东艳、张琳：《美国区域贸易投资协定框架下的竞争中立原则分析》，《当代亚太》2014年第6期，第123页；张琳、东艳：《主要发达经济体推进"竞争中立"原则的实践与比较》，《上海对外经贸大学学报》2015年第4期，第27页；胡改蓉：《竞争中立对我国国有企业的影响及法制应对》，《法律科学》（西北政法大学学报）2014年第6期，第165页；赵海乐：《是国际造法还是国家间契约——"竞争中立"国际规则形成之惑》，《安徽大学学报》（哲学社会科学版）2015年第1期，第116页；白明、史晓丽：《论竞争中立政策及其对我国的影响》，《国际贸易》2015年第2期，第22页；应品广：《竞争中立：中国的实践与展望》，《WTO经济导刊》2014年第6期，第89页；应品广：《解析美国针对国企的竞争中立规则谈判》，《WTO经济导刊》2015年第4期，第91页；应品广：《中国需要什么样的竞争中立（上）——不同立场之比较及启示》，《中国价格监管与反垄断》2015年第2期，第20页；张吉鹏、李凝：《竞争中立规则对中国国有企业"走出去"战略的影响与应对之策》，《对外经贸实务》2015年第8期；丁茂中：《我国竞争中立政策的引入及实施》，《法学》2015年第9期，第107页；黎清霞：《国企"走出去"战略的发展困境——来自"竞争中立规则"的挑战》，《经营管理者》2015年第4期；黄志瑾：《中国国有投资者境外投资法律问题研究》，博士学位论文，华东政法大学，2013，第141页；熊轩昱：《比较法视野下的竞争中立规则——兼论其国际造法对中国的影响和应对》，硕士学位论文，华东政法大学，2014，第2页；尤文汇：《浅析我国适用竞争中立原则的路径选择》，硕士学位论文，吉林大学，2015，第1页；王涛：《国有企业海外投资的东道国法律规制研究》，硕士学位论文，西南政法大学，2014，第34页。

学者存在其他观点外①，这已成为学界通说②。与其说，"竞争中立"这个概念出现于上述事件之中，毋宁说，学者们研究视野所及的范围，有意无意地遮蔽了这一概念与建构这一概念（严格来说是理念）的思想在历史上的内在关联。为什么强调这一点？因为，只有在竞争中立的历史中把握其概念，才能明了时下的规范意义；只有了解其建构的历史厚度，才能知晓靠"一纸条文就能实现竞争中立"想法的草率与荒唐。

竞争中立在西方有着深厚、悠久的思想、制度和经济渊源，背后有着宏大的叙事结构的支撑。竞争中立虽然因为经济的需要而有着庸俗化的演绎逻辑，但是透过其庸俗化的外在形式，可以挖掘出其深刻的历史必然性。竞争中立的渊源保守来说可以追溯到中世纪末期、启蒙运动的萌芽时期。启蒙的本质就是发现"人"自身。文艺复兴以诗歌、绘画和雕塑等文化符号重新召唤出人们对自身的认识，进而将"人"从既有的"神—人"世界体系中解放出来。

宗教改革运动将从文艺复兴中解放出来的"人"和"神"的秩序重新进行安排，将历史上颠倒了的世界秩序纠正过来，将"神"驱离了世界的中心而将"人"安放到了中心位置。罗马法的发现及其解释，则在"人"的私人事务和公共事务之间设立起了制度的藩篱，从而将轴心时代关于"政治国家—市民社会""公法—私法"

---

① 余菁等：《国家安全审查制度与"竞争中立"原则——兼论中国国有企业如何适应国际社会的制度规范》，《中国社会科学院研究生院学报》2014年第3期，第55页。有学者认为"完全自由和竞争中立的国企现有模式形成于1986年的新西兰"，Outlined by the New Zealand Treasury in Economic Management Briefing Papers to the Incoming Government, Treasury, 1984 and implemented through State-Owned Enterprise Act 1986 that originally created nine state-owned enterprises.
② 丁茂中：《竞争中立政策走向国际化的美国负面元素》，《政法论丛》2015年第4期，第22页。

二元对立的政治法律理念①再次植入社会。而西方社会这一基础性的建构则是由霍布斯、孟德斯鸠、洛克等启蒙运动思想家的卓越工作，以及英国宪章运动、美国独立战争等社会事件的共同作用才得以完成的。"政治国家—市民社会"二元结构已经成为西方社会的一种文化潜意识，以至于具有了认识论和方法论的意义。上述社会活动及其完成的意义建构则构成了"竞争中立"产生乃至存续的宏观历史框架，同时也是理解竞争中立及其理念的背景。竞争中立从字面意义来看包括"竞争"和"中立"两部分，竞争主要是市场主体（私权主体）的行为，中立主要是国家（公权主体）的行为。

国家在竞争中处于中立的地位，是为了维系市场的公平秩序。市场竞争需要国家保持中立，竞争是市场对中立的内在把握，中立是国家对竞争的态度。中立是以竞争领域（私权主体）和中立领域（公权主体）相互分离、彼此独立为前提的，二者的交集是竞争规制，其所控制的对象是竞争行为，目标是竞争秩序，判断标准是中立规制。

---

① 在古希腊，公共政治生活是希腊人的头等大事，公共政治处理的是城邦的事务。在古希腊的城邦里，任何大小政治事务都要由城邦会议解决，而且政府为了鼓励公民进行投票，还采取了会议津贴制度。公共生活如此重要，以至于亚里士多德说："离开城邦的人，非神即兽！"但同时，希腊人又是公私分明的。柏拉图在《游叙弗伦》中记载了这样一桩案件：苏格拉底被雅典人指控轻慢神祇和毒害青年，在去雅典法庭的途中，苏格拉底碰上了朋友游叙弗伦。苏格拉底问游叙弗伦为什么也去法庭，游叙弗伦说他要指控他的父亲，因为他父亲虐待了一名奴隶并致其死亡，为此他要使父亲接受雅典法律的制裁。柏拉图没有记述案件的处理结果，但案件本身就足以说明问题了：公共的政治生活（杀人）并不能因为私人的生活（父子关系）而受到影响，游叙弗伦起诉他的父亲既是大义灭亲的行为，又体现了希腊法律对于公共领域和私人领域的区分原则。古希腊之后的古罗马继承了公法、私法二元对立的政治法律理念。例如，帝国时期的大法学家乌尔比安明确地把法律划分为公法和私法两个部分，在罗马法学家乌尔比安的《法学阶梯》中就记载着他的说法："公法是关系到罗马人的公共事务之状况的法律；私法是关系到个人利益的法律。"

2.2.2 哲学基础

竞争中立是建立在自由主义的哲学基础之上的。当代自由主义有三个基本观点，即"中立性思想"、"人作为无羁绊的自我"以及"权利的优先性"，而且这三种观点是相互关联和相互支持的。[①] 自由主义的中立性体现了宽容的观念：国家不应干预人们的信仰，不应该支持或反对某种特殊的宗教、道德和哲学学说；在各种对立的信仰之间，国家不仅应持有一种中立的态度（消极中立），还要保护人们的信仰、增进人们的自由（积极中立）。自由主义的中立性与其自我观念息息相关，且前者以后者为基础，中立性强调一种"人"的观念，一种追求自由选择的"自我"。

启蒙时代以来，西方文化的建构是以"人"——自由的"自我"为核心和基础的。自由是指一种选择的能力，这是一种不依赖神启的理性能力，是支撑自由"自我"的支点。"正因为自我是自由的，是独立的自我，所以我们才需要一个中立于目的的权利框架，而这个权利框架拒绝在道德和宗教的争论中偏袒一方，让公民们自由地选择自己偏爱的价值。"[②] 自由的自我并非完全无拘无束、"无羁绊的自我"。"自我"的选择要受到自然的继受等诸多限制，制度所能控制的仅是屏蔽人为地对"自我"选择的干预，特别是国家的干预。这就是中立性，因此它是一种限制性理论，即政府的行为不应以善念为基础，政府应该在各种善念之间保持一种中立的立场，既不促进也不阻碍人们追求自己的美好生活。

自由的自我、权利优先和中立性思想是自由主义思想的三个基

---

① Michael Sandel, *Democracy's Discontent：America in Search of A Public Philosophy*，转引自姚大志《正义与善——社群主义研究》，人民出版社，2014，第28页。
② Michael Sandel, *Justice：What's the Right Thing to Do?* 转引自姚大志《正义与善——社群主义研究》，人民出版社，2014，第29页。

本支点。这种思想为私权的充分发育提供了足够的空间，为国家权力宣示了边界。私权主体（自我）按照契约规则（充分实现自我的交易形式）开展合作，并且在契约原则的媒介下，实现着私权空间的组织化、有序化，契约通过这种组织（企业、社区）实现了部分公共产品的生产和供给，从而限缩了国家成为公共产品唯一或者垄断提供者的可能。这些反过来又保证了国家中立性的要求和内容。

2.2.3 经济学基础

竞争中立在当代的经济学基础是芝加哥学派[①]的理论，该学派由芝加哥大学的一群学者创立，早期代表人物包括 J. 瓦伊纳、富兰克·奈特、亨利·赛门斯等人，后期代表人物（鼎盛时期）包括米尔顿·弗里德曼（诺贝尔奖获得者）、斯蒂格勒、罗纳德·科斯等，他们继承了富兰克·奈特以来芝加哥传统的经济自由主义思想和社会达尔文主义，重视自由市场经济中竞争机制的作用，相信市场的自我调节能力，认为市场竞争是市场力量自由发挥作用的过程。

芝加哥学派的成员坚定地支持新古典经济学价值理论的经济分析，在其政策建议中频现以"自由市场"为基础的自由主义思想，他们一贯反对滥用数学形式主义，并乐意放弃精密严谨的一般均衡理论的逻辑推理，而倾向于更具有结果导向的部分均衡分析的方法论。芝加哥学派成员一般都特别强调19世纪资产阶级微观经济学在经济分析中的有效性和实际应用中的有用性，即所谓的"芝加哥传统"。他们严格秉承自斯密到马歇尔的传统微观经济学的基本理论

[①] 大体而言，经济自由主义主要包括三个阶段：1. 反对重商主义式国家贸易的阶段——古典经济学；2. 反对马克思主义集体计划的阶段——边际、新古典经济学；3. 反对凯恩斯主义国家干预的阶段——新自由主义奥地利学派、芝加哥学派等。芝加哥学派与同样大名鼎鼎的哈佛学派、奥地利学派是西方产业经济学的三个主要流派。

框架（在纯粹竞争或纯粹垄断前提下，分别考察消费者为获得最大效用和生产者为赚得最大利润的最优化行为在生产和分配方面的规律性）。其理论特点如下。

（1）极端强调个人自由。极端强调个人自由，反对个人专断和"权威"；在国家必须干预经济的情况下，强调"法治"，反对"人治"。例如，西蒙斯在20世纪30年代提出的关于改革美国货币金融体制的主张，其中包括商业银行必须对其吸收的存款保持100%的现金准备这一建议；哈耶克始终主张金本位制是现实可行的理想的货币制度，反对任何人为地扩大货币流通量的政策措施；以及弗里德曼提出的"单一规则"的货币政策等。尽管这些主张提出时的历史条件各不相同，理论根据差别很大，但它们共同的实质是主张建立一种货币体制，在该体制下，一国的货币信用流通量取决于某种以法律形式规定的"规则"，而不是货币当局相机采取的政策措施[①]。

（2）强调完全竞争的市场机制在经济中的功能。特别强调完全竞争的市场机制在调节资本主义经济运行中的重大功能，强烈主张国家对经济生活的干预应减少到最低限度。例如，奈特和西蒙斯都十分强调私人企业的自由竞争在经济生活中应起的作用。弗里德曼则着重反对凯恩斯主义主张的国家干预经济。为了应对长期推行凯恩斯主义赤字财政造成的通货膨胀，他不仅反对凯恩斯主义的财政政策，也对资本主义国家长期采用的传统的相机采取的货币政策持否定态度。

（3）政策目标的取向。传统上认为，经济自由、经济效率与分配均等这三个政策目标，经常是顾此失彼，不可兼得。而对这类进退维谷的难题，芝加哥学派更多地关注自由与效率，相对较少地关

[①] 如根据实际经济情况随时和及时调整贴现率，改变商业银行的法定存款准备率，以及中央银行买卖政府债券的公开市场活动等。

注收入分配的问题。

芝加哥学派据以得出的理论观点，一般具有如下特点。①强调经济学是一门实证科学，所以芝加哥学派的许多成员被称为经济学的实证主义者。②理论分析着眼于资本主义经济的长期均衡，忽视经济政策的短期效果。芝加哥学派的成员一般认为，在市场机制充分发挥作用的前提下，资本主义有充分就业的必然趋势。③在理论分析中，往往忽视自由竞争条件下社会福利与私人利益、社会成本与私人成本之间可能出现的差别，或者认为这种差别与经济效率或经济自由相比较是微不足道的，这使他们不重视国家在调节资本主义的资源配置和收入分配方面的重要作用。

2.3 竞争中立的缘起及发展

澳大利亚是最早开始竞争中立相关实践的国家。20世纪90年代中期，澳大利亚对其竞争法和政策进行了广泛的改革，改革的目的是提高经济运行效率、提高生产力和鼓励创新，在全国各州建立真正的统一市场，并建立更有效的竞争政策框架。改革对竞争法和竞争政策进行了全面的审查，强调竞争政策除竞争法之外，还包括其他一系列法律和政策。1993年，澳大利亚联邦政府成立的独立调查委员会，公布了《希尔默报告》(Hilmer Report)，报告详细描述了澳大利亚有效的国家竞争政策 (National Competition Policy，NCP) 所应该解决的六个特别重要的问题，其中一个问题就是竞争中立，即政府企业与私营部门在竞争时应适用竞争中立。国家竞争政策改革提出了一个全面、系统的竞争中立计划。这使得澳大利亚被认为是唯一一个具有竞争中立"承诺和完全执行机制"的国家。澳大利亚将竞争中立界定为"政府企业在参与市场竞争时不能仅仅因为其政府所有制的背景而比私营企业享有更多优势"①。

澳大利亚的竞争中立制度作为一项国内改革措施，目的主要是在国家内部化解国有企业享有的不公平竞争优势。欧盟（欧共体）也有类似制度，欧盟主要通过"竞争法"实施竞争中立。《欧盟运行条约》（TFEU）第 106 条明确规定，公共企业受竞争规则约束，各成员国不能违反该规定；欧盟委员会依法享有相应的执行权，可要求该企业或政府停止其违反前述竞争规则的行为。条约中有关国家援助的规则，同样适用于国有企业。此外，如果条约所包含的规则，在法律上或事实上妨碍了具有影响或可能影响公共财政收入性质的企业完成指派给它们的任务，这些企业可以不遵守条约包含的规则（包括竞争规则）。

随着经济全球化的深入推进，国际上国有企业与私有企业之间的公平竞争问题，日益引起国家和国际组织的关注。OECD 是最早开展竞争中立研究，在该领域最具影响力的国际组织。OECD 认为，经济上产品和服务应由效率最高的一方来提供，政治上政府必须确保经济主体（国有企业以及其他市场参与者）之间的"公平竞争"，同时确保有效履行公共服务义务，当经济市场中任何实体均不存在不当竞争优势或劣势时，就达到了竞争中立状态。与澳大利亚相比，OECD 更加泛化了竞争中立的概念。② OECD 认为任何经济实体，只要其事实上具备不当竞争优势或劣势的条件，都是有违竞争中立的。联合国贸易和发展会议（UNCTAD）对竞争中立问题的关注稍晚于 OECD，其在 2011 年开始研究竞争中立，目前还处于探索和总结发达国家以及发展中国家有关实践的阶段，仍没有提出能与

---

① 汤婧：《"竞争中立"规则：国有企业的新挑战》，《国际经济合作》2014 年第 3 期，第 46 页。
② 张琳、东艳：《国际贸易投资规则的新变化：竞争中立原则的应用与实践》，《国际贸易》2014 年第 6 期，第 48 页。

发展中国家发展相契合的系统的实施竞争中立制度的建议。

美国主导的 TPP 和美欧共同协商的 TTIP，都进一步扩大了竞争中立的适用范围，将"国有企业"和"指定垄断"都纳入竞争中立的规制范畴。其主要观点是，在国际贸易中，政府应当在市场竞争中保持绝对中立，不仅仅是对国有企业，还包括任何政府授予特定垄断权的私人垄断或政府垄断企业，其长期目标是在尽可能多的国际贸易领域禁止国有企业参与，最终目标是消除国有企业的存在。

由此可见，竞争中立在一定程度上已经从单纯的国内改革措施，演变为美国诘难中国利用国有资本参与国际竞争的理论依据，试图在国际经贸领域形成有约束力的竞争中立规则，对抗被他们称为"国家资本主义"的政府支持的竞争模式。虽然美国前总统唐纳德·特朗普对 TPP 持否定态度，但是其企图在国际贸易中压制中国的意图没有变，对于国有经济发达的中国来说，竞争中立制度作为一项国际贸易规则的长期趋势不会变，我们不能忽视其对中国的发展，特别是参与国际贸易活动时可能产生的影响。构建公平竞争的市场环境是竞争中立制度的核心要义，这从澳大利亚的竞争中立实践中就可以看出，我们不能忽视竞争中立制度在推进经济体制改革和帮助正确处理政府与市场关系方面的积极作用。很显然，如何理解该制度对我国的国内经济改革发展以及国际上的经贸谈判，都会产生不可忽视的影响。

有关竞争中立的概念，国际上的讨论与实践已经较为丰富，国内的讨论大多基于国际上的相关讨论结果展开，主要认为政府应当在市场竞争问题上保持中立，不使特定企业形成不当优势或劣势。基于竞争中立的具体功能，结合中国当前发展的语境，笔者认为，竞争中立制度是政府为实现市场在资源配置中的决定性作用，更好地发挥政府作用，以社会整体效益最大化和建立公平竞争市场为目标，不为特定市场主体创设不当竞争优势或劣势条件而实施的一系列制度。我国学者有的用"竞争中立"、"竞争中立政策"以及"竞争中立原则"等概念，来描述竞争中立制度。还有的基于自身学科的特点，如国际贸易方面的学者多用"竞争中立规则"的概念来展开论述。"制度""政策""原则""规则"从语法的角度来说差别很大，但同时又相互联系。以《现代汉语词典》为标准，关于以上概念的解释如下："制度"是指要求成员共同遵守的规章或准则；"政策"是指国家政党为达到特定的目标而制定出来的某种规则；"原则"是指说话、行事所依据的准则；"规则"是指典式、法则以及规律等。从定义来看，上述四个概念都有准则的意思，也就是行为或道德所遵循的标准，但是适用的范围大小不一。四者之间不是相互替代关系，不能完全混同。制度和政策是不同层次的决策产物，政策更倾向于为了实现一定的目标而实施的解决措施；制度作为规则的总称包含了作为操作规则的政策，内涵更广。由于制度主要通过法律来确立，其稳定性要比由政府的某个文件确立的政策高。澳大利亚较多采用通过政府文件将竞争中立明确为国家政策的方式来推动竞争中立相关改革，但是随着政策实施的深入，形成科学体系的政策必然要向更高层级的制度迈进，以更好地实施竞争中立。

2.4 竞争中立的基本特征

竞争中立制度的特征是竞争中立制度区别于其他市场经济制度的一个重要方面。竞争中立制度作为一个舶来品，其特征主要表现在以下几个方面：第一，竞争中立制度以社会整体效益最大化和建立统一市场为目标；第二，竞争中立制度的核心价值，主要是其可以帮助市场更有效地调配各方面的资源；第三，竞争中立制度通过规范政府在市场中的特定行为，更好地发挥政府作用；第四，竞争中立制度侧重于规范国有企业的不当竞争优势。

2.4.1 竞争中立以社会整体效益最大化和实现市场公平竞争为目标

竞争中立制度作为经济法在市场经济体系建设领域的一项最新实践成果，其主要目标之一就是帮助实现社会整体效益最大化。中立意味着不偏不倚，不是以部分利益为目标，而是着眼于以中立的形式实现社会整体效益的最大化。竞争中立制度要求政府通过法律和政策的形式实现社会整体效益的最大化。市场经济的基础是交换经济，交换存在着价值实现的问题。如果产业结构安排不合理，资源宏观配置出现偏差，生产就会出现结构失衡，或过剩，或不足。而一旦价值实现的链条断裂，整个社会扩大再生产就会遭到破坏，会对生产目的的最终实现与社会再生产的良性循环产生重大影响，进而影响到社会整体效益最大化的实现。

政府通过实施竞争中立制度，可以推动企业在市场中充分有效地竞争，减少企业在市场中遇到的障碍，使价值在不同生产主体之间更有效地交换。[1] 应当注意的是竞争中立制度所说的社会整体效益的最大化不是过分强调效益，也不是过分强调效益的最大化。实践中主要通过"成本—收益"分析的方式来实现效益最大化，政策或法律经过"成本—收益"分析后，如果实施的收益高于实施对市场造成的破坏那就应当实施，反之就应修改或者不予实施。这里所说的"效益最大化"是有科学依据的，不是盲目地去寻求社会整体效益最大化。

不公平竞争是市场经济持续发展的主要障碍之一，不公平竞争主要表现在地区之间、行业之间、企业之间以及不同企业性质或政

---

[1] 赵学清、温寒：《欧美竞争中立政策对我国国有企业影响研究》，《河北法学》2013年第1期。

府政策优势造成的不公平。对于地区之间、行业之间和企业之间的不公平竞争问题，我国已经有《反垄断法》《反不正当竞争法》等法律法规或政策予以调整改善，但是对不同企业性质或者政府政策造成的不公平市场竞争问题，还未形成有效的解决途径。虽然现在的国有企业改革目标隐含消除不同所有制企业之间不公平竞争这一市场障碍的内容，但是缺乏可信赖的制度保障，很难说在没有充分制度保障的基础上能否实现这一改革目标。而竞争中立制度则主要是解决企业在市场竞争中由于企业性质的不同，或基于政府政策优势而出现不公平现象的一种市场经济制度，实现市场公平竞争需要竞争中立制度的保障。公平竞争的市场，要求市场主体在市场竞争中至少应享有形式平等地位，而现实就是国有企业或者受政府指定享有优势地位的私有企业往往在市场竞争中不当地享有优势条件，不利于社会生产以最有效的方式进行。[1] 实现市场公平竞争同样是竞争中立制度的目标。竞争中立制度所涵盖的一系列制度工具可以推动实现市场公平竞争。

2.4.2 竞争中立的核心在于发挥市场在资源配置中的决定性作用

竞争是市场的应有状态，市场经济的健康发展离不开市场主体的充分竞争。有了竞争机制，不意味着市场就可以发挥资源配置的决定性作用。因为竞争的结果往往导致消除和限制竞争的因素和力量产生，从而影响竞争机制的有效运转。以我国为例，我国可谓世界上国有企业最为发达的国家，但是国有企业基于与政府的特殊关系而享有特殊优势条件，对市场机制的有效发挥造成了一些阻碍。不是说国有企业本身不好，而是国有企业管理的模式，无论是从国

---

[1] 胡改蓉:《竞争中立对我国国有企业的影响及法制应对》,《法律科学》（西北政法大学学报）2014 年第 6 期，第 165 页。

际经贸的角度还是从国内经济体制改革的角度来说,都已经越来越难以满足发展的要求了。国有企业无论是过去、现在,还是将来,都一直并且将继续发挥不可替代的作用,这一点是毫无疑问的。但是,我们管理国有企业的模式有必要循着国内国际发展实际进行更新换代。竞争中立制度作为澳大利亚国内经济体制改革的一种重要工具,发挥了不可替代的作用。2005年澳大利亚生产力委员会计算得出澳大利亚国家竞争政策改革将澳大利亚的国内生产总值提高了2.5%,其中肯定有竞争中立制度做出的贡献,因为它是澳大利亚国家竞争政策的主要组成部分。现实中,澳大利亚关于竞争中立制度问题的实际投诉数量很少,没有多少企业认为自己在与政府企业竞争时处于不利地位。相应的,澳大利亚的市场机制在其实施竞争中立制度的时候得到了更有效的发挥,所以可以认为竞争中立制度可以有效地推动市场在资源配置中发挥决定性作用。

正如OECD在《竞争中立:维持国有企业与私有企业公平竞争的环境》报告中所说的,当市场经济中任何实体均不存在不当竞争优势或劣势时,就达到了竞争中立状态。那么竞争中立这一状态,就意味着市场机制可以充分发挥其对资源配置的决定性作用,因为在竞争中立状态下,没有其他主体会对市场的资源配置作用进行不合理干预。

2.4.3 竞争中立通过规范政府在市场中的特定行为更好地发挥政府作用

竞争中立制度的内涵,在于政府如何防止国有企业或者基于政府政策从事特定行为的私有企业,在市场竞争中享有不当竞争优势。竞争中立制度所涵盖的内容主要包括:精简国有企业的运作形式、确定特殊职责的直接成本、获得商业回报率、履行公共服务义务、税收中立、债务中立、直接补贴以及公共采购。这些内容表面上是规范国有企业，其实质是界定政府在市场中的活动范围和行为标准。

以履行公共服务义务为例，如果国有企业（或其他承担公共服务义务的实体）在参与市场竞争的同时，也被要求因公共利益而从事非商业活动，则竞争中立将受到挑战，应通过公共财政对这类企业进行充分而透明的补贴，从而避免市场扭曲。如果对履行公共服务义务的国有企业补贴不足或过度，竞争环境会不公平。很显然，政府在对履行公共服务义务的国有企业进行补贴时，应当公开公平，有衡量的标准，及时足额地补贴履行公共服务义务的国有企业。

再以监管中立为例，如果国有企业能够更快地从政府那里获得规划信息和建设许可，并且政府对国有金融企业活动的监管比较宽松，那么政府在这一监管过程中，就是不符合竞争中立要求的。政府没有在市场中更好地发挥自身作用，而是破坏了市场机制的正常运转。在对企业进行监管时，为了实现市场对资源的有效配置，更好地发挥政府作用，政府应维护竞争中立，尽量使国有企业与私有企业在同样的监管环境中经营。

通过翻阅国内外有关资料，无论是澳大利亚的实践，还是TPP的有关章节，人们很难不认可这样的观点，即竞争中立制度是主要规制国有企业的一套制度规范。进一步分析，可以发现竞争中立制度实质上是在规范政府在市场中的行为，主要是防止政府向其所有企业提供一些对市场公平竞争不利的不当竞争优势。但现实也不完全是这样，政府也存在向一部分私有企业提供政策福利的行为，有些也可能是非竞争中立的行为。我们不能被一些带有感情色彩的观点所蒙蔽，应该认识到竞争中立制度不是限制国有企业发展的制度，更不是一种把消除国有企业作为目的的制度，其主要是通过规范政府在市场中的行为，最终实现市场公平竞争，有效发挥市场机制的一套制度体系。

2.4.4 竞争中立主要规范不当的国有企业竞争优势和私有企业竞争劣势

竞争中立制度是以"混合市场"的存在为前提的。"混合市场"是指国有企业与私有企业同时存在，或在规章制度正常发挥效力的情况下，两类企业同时存在的市场环境。除此之外，竞争中立还可以引申为生产同类公共产品的不同经济实体，都应该不享有不当竞争优势或劣势，包括国有企业之间以及私有企业之间，而不仅仅是国有企业与私有企业之间。

当然，如果政府利用权力决定某种商品和服务只能由某一国有经济实体提供，那么竞争中立就不是一个值得担忧的话题。因为，在这种情况下，该商品或服务的提供是由政府决定的，而非由混合市场决定的。只要政府决策足够透明，决策所依据的公众利益足够确切，这通常也不会被定义为背离竞争中立。也就是说，假如某产品只由一家国有企业提供，那么该产品一般也就不被认为存在竞争中立的问题。值得注意的是，我们这里所说的竞争优势或劣势，主要是指"不当"竞争优势或劣势，而不是一旦国有企业与私有企业之间存在竞争优势或劣势就应当被纠正。要通过"成本—收益"分析等方法，来判断这一竞争优势或劣势的正当性。竞争中立可能受到所有制、机构组织形式或某些经济主体特定目标的影响，比如，政府可能赋予其直接控制的商业活动以某种优势或劣势。再比如，在某些国家非营利组织既是活跃的市场主体，又享有税收及其他优势。受政府影响的私有企业也可能产生竞争中立问题。相应的，一旦这些企业享有不当优势，在市场中与这些企业存在竞争关系的企业，就很可能会形成不当劣势，造成商品生产不能由效率最高的生产主体来承担，进而影响市场机制的正常发挥。因此，竞争中立制度侧重于规范国有企业的不当竞争优势和私有企业的不当竞争劣势。

2.4.5 竞争中立主要是一种国内经济体制改革措施

竞争中立制度主要是一种国内经济体制改革措施,这通过分析澳大利亚的有关实践就可以知道。到了21世纪,在美国的主导推动下,竞争中立才被逐渐推广到区域和国际层面,主要表现是美国在TPP和TTIP中,引入包括竞争中立在内的高标准贸易规则,试图将其从一种国内改革措施演变为国际通行规则。[1]

从国内外有关国家和地区的实践看,竞争中立的实施主要有两种路径,一是作为国内改革措施,二是作为国际经贸规则。很显然不同的路径有着不同的实施效果和目的。澳大利亚和欧盟把竞争中立制度作为一项在国家或区域经济体范围内,且仅限于该范围的规范市场的一项制度措施。美国的不同在于其试图将竞争中立作为一项在国际贸易当中广泛使用的规则,以达到其限制以中国为代表的发展中经济体深度参与国际经济,最终实现美国在国际贸易中利益最大化的目的。竞争中立制度在作为国内改革措施时,并没有引起世界范围内的大量关注,国际上的广泛关注始于美国在TPP中的力推。我们可能更多地把竞争中立制度作为一项会带来负面效应的国际经贸治理规则来看待,而容易忽视竞争中立制度对一国国内经济体制改革所能带来的助益。我们在认识竞争中立制度时,应秉持客观理性的态度,因为竞争中立本身并不是为了给某一国家制造困扰而专门提出的一项国际规则,其自身有较长的发展历史,而且它实质上是一种国内经济体制改革措施,我们应把重点放在其对经济体制改革的推动功能上。

---

[1] 相关文献参见黄志瑾《国际造法过程中的竞争中立规则——兼论中国的对策》,《国际商务研究》2013年第3期。

2.5 竞争中立的适用范围及构成

2.5.1 竞争中立的适用范围

不同国家和地区的竞争中立制度，适用范围是有差异的。根据适用范围的大小，可以分以下四种情况。第一种，适用于所有企业，凡产生不公平竞争的企业，都应适用竞争中立制度的有关规定。第二种，适用于尚未公司化的公共企业、资金用途受限的公共企业、国有企业、国有或其他公共机构，以及刚刚完成私有化但仍具有优先准入地位的公司。第三种，适用于国有企业和指定垄断。所谓指定垄断，是指任何政府授予垄断权的私人垄断或政府垄断形式。第四种，仅适用于国有企业，具体何种情况的国有企业应予以适用，涉及国有企业概念如何界定。

澳大利亚所实施的竞争中立制度主要适用于本国国有企业；TPP中规定的竞争中立制度不仅适用于国有企业，还适用于指定垄断；欧盟通过立法确立的国家援助控制制度，则几乎涵盖了所有企业（尽管主要还是针对国有企业或被授予了特别或专有权利的企业）；OECD所倡导的竞争中立制度，适用于尚未公司化的公共企业、资金用途受限的公共企业、国有企业、国有或其他公共机构，以及刚刚完成私有化但仍具有优先准入地位的公司。值得注意的是，无论是澳大利亚、经合组织还是欧美之间的贸易协定，竞争中立制度都并非适用于所有国有企业或指定垄断，而是仅仅适用于达到一定标准的国有企业或指定垄断。

这些标准主要包括以下内容。第一，在企业性质上，必须是主要从事商业活动的国有企业或指定垄断，主要从事公益服务的国有企业或指定垄断不属于竞争中立的适用范围，商业活动是指在市场上不承担公共政策职责的活动。第二，在企业规模上，必须达到一定规模。比如，TPP中的竞争中立制度仅适用于在前三个连续的财务年度中，任何一年的年收入超过2亿特别提款权（SDR）的国有企业或指定垄断。第三，需要确认存在实际的或潜在的竞争者。如果不存在实际的或潜在的竞争者，也不能适用。第四，根据澳大利亚的实践和OECD的建议，竞争中立制度的相关规则只有在实施的收益大于成本的情况下才值得实施，但是TPP中并没有这一要求。

本书认为竞争中立制度的适用范围毫无疑问主要是国有企业。政府通过设定一套完整的行为规则，来规范自身行为和国有企业的行为，防止国有企业在市场中享有不当竞争优势。具体的适用范围除了从主体来考量，更应关注行为本身，尤其是政府的相关行为，因为政府不仅可以为国有企业在市场中设定不当竞争优势，也可以给其他任何企业在市场中设定不当竞争优势。如果仅仅从某一市场经济实体是否应适用竞争中立制度的角度去分析，往往难以穷尽哪些市场经济实体应适用竞争中立制度。我们应该从该制度的本源出发，从竞争中立制度所规制的具体行为的角度，去探求竞争中立制度的适用范围。

从OECD所倡导的竞争中立制度的适用范围来看，OECD认为竞争中立制度应适用于尚未公司化的公共企业、资金用途受限的公共企业、国有企业、国有或其他公共机构，以及刚刚完成私有化但仍具有优先准入地位的公司等。OECD列举了很多企业，它们都有适用竞争中立制度的必要，而这个必要性就是源于这些企业可能享有政府所给予的不当竞争优势。但是很显然，即便列举了这么多，其实还是有未列举的情况。比如，政府如果给予部分私有企业一些不当的竞争优势，是否还应该适用呢？刚刚完成私有化但仍具有优先准入地位又如何予以认定呢？对这些问题的回答可能比界定竞争中立制度的适用范围更复杂，无疑增加了制度实施的成本。

本书认为，竞争中立制度的适用范围应主要从政府涉及市场经济实体的行为入手，一旦某个或某些市场经济实体基于政府的行为享有不当的竞争优势，有权主体（可能是个人、私有企业或者国有企业等）便可启动竞争中立制度的程序机制，请求有关部门予以审查，违反竞争中立制度的就予以规制，反之则驳回。

2.5.2 竞争中立的基本构成

竞争中立制度从内容上来说，必然包括行为规则与实施机制，相应的也就是竞争中立的行为规则以及竞争中立的实施机制。竞争中立制度的构建，其实主要是政府采取何种措施来兑现其维持竞争中立的承诺。OECD认为政府应从以下三个方面行动才能兑现其维持竞争中立的承诺。第一，政府需要考虑采取什么样的经营模式进行商业活动，才能最大限度营造公平竞争环境。第二，竞争中立政策要得到切实执行，应将商业活动信息向监管者进行充分披露（特别是进行完全成本认定），如果不存在保密问题，上述信息还应对公众公开。第三，在确认了诸多潜在非中立行为的动机之后，既需对每一个动机进行单独考虑，也要进行综合考虑。OECD认为竞争中立制度的构建应该围绕以上方面展开。具体包括：精简政府企业的运作形式、核算特定职能的直接成本、合理的商业回报率、合理补贴、税收中立、监管中立、信贷中立、政府采购中立以及配套的实施机制。

首先，行为规则。

竞争中立制度作为一项规范政府行为以防止国有企业享有不当竞争优势的制度，其行为规则主要围绕着政府需要考虑采取什么样的经营模式进行商业活动，才能最大限度营造公平竞争环境展开。主要包括以下内容：第一，公司化；第二，核算特定职能的直接成本；第三，合理的商业回报率；第四，合理补贴；第五，税收中立；

第六，监管中立；第七，信贷中立；第八，政府采购中立；等等。

第一，公司化。公司化主要是指对国有企业进行公司化改造，使其建立现代公司制度，有完整的公司管理框架。国有企业的运作实践和法律形式会对竞争中立造成潜在影响。如果竞争性活动是由一个独立的实体完成，并且该实体与政府机构保持着适当距离，那么竞争中立将更容易实现。对国有企业进行公司化改造，是实现竞争中立的重要开始，同时还能十分有效地应对可能阻碍竞争中立的特殊政治干预。国有企业业务活动的结构性拆分，是一个既独立又具有关联性的问题。在其他条件不变的情况下，政府总想把涉及市场竞争的活动与非竞争活动彻底分开，但这一做法并不总是切实可行的，即使操作上没问题，效率上也会显得非常不值。这里的公司化主要是针对国有企业，现实中很多国有企业之所以享有不当竞争优势，就在于政企不分，企业管理与政府机关联系紧密，企业缺乏现代公司所具有的独立的经营管理职能，很容易造成管理的混乱和低效。

第二，核算特定职能的直接成本。核算特定职能的直接成本，主要是指对国有企业或者其他承担特定职能的企业在履行特定职能（主要是公共服务职能）时所需要的成本进行核算。如果商业活动由非公司实体进行，则主要的挑战是这些实体经常与政府部门共享资产，特别是资产成本属于联合成本时。那么很显然，设置合理的成本分摊机制将是确保竞争中立的关键。如果监管部门不去解决这种失衡，至少也应该公开披露信息，确保潜在的或实际的竞争对手掌握充足的信息，以决定是否可以进入该市场。同时，在公司制国有企业中必须坚持高标准的问责制与透明度，一个主要原因是要确保履行公共服务义务不会成为企业对其竞争性业务进行交叉补贴的渠道。核算特定职能的直接成本，是对履行公共服务等特定职能的国有企业进行补贴的主要依据，补贴额的多少要有可信赖的依据并及时公开，确保履行特定职能的国有企业不因此而享有不当的竞争优势。

第三，合理的商业回报率。合理的商业回报率主要是指政府应当为国有企业设定合理的商业回报率。政府与私有企业组织生产的根本差异在于目标不同。政府组织产品和服务的生产通常取决于公共政策目标，而私有企业则通常受利润最大化所驱动。非公司化政府企业提供的产品和服务，旨在惠及全体人民或整个社会，价格并非单纯由收入目标决定，还要有公平和社会福利方面的考虑。公共部门展开商业活动时，多元关注点的存在会造成目标界定不清。

政府商业活动具有以下特点：政府根据提供的服务收取费用，活动本身具有商业性质，没有对利润设限，存在实际或潜在的竞争。要实现竞争中立，国有企业就应该以其用于从事相关活动的资产为基础，获得与市场水平一致的回报率。所谓与市场水平一致，是指与同一行业中的大多数公司所获得的回报率相当。如果国有企业没有被要求获得商业回报，那么它们可能通过压缩利润空间的方式定价，从而增强竞争力。一些政府服务是有偿提供的（为了收回成本），但并不是基于商业考虑，那么这类服务就并非违背了竞争中立。因此，解决竞争中立问题的一个关键因素，就是要求政府企业获得合理的商业回报，并设定恰当的股利分配目标。应当注意的是，竞争中立并不要求政府企业的每一笔交易，甚至每一个预算都获得既定的回报。回报率要求并不阻止国有企业像私有企业一样调控或改变利润率，其主要目的是防止出现来自政府资助业务的交叉补贴。这样做将会改变政府企业的激励结构，并且最终减少国企低效导致的公共资源浪费。

第四，合理补贴。现实中界定国有企业的某些活动是否属于履行公共服务义务并非易事。这类模糊不清的概念提高了保护国有企业免于竞争现象的合理性。在某些情况下，政府认为继续通过完全受其管理的实体来提供公共服务更为便利。而在另一些情况下，惯常的做法是，允许国有企业对特定业务保持垄断利润，然后利用这些利润为它们履行公共服务义务的活动提供补偿。① 然而，当这类活动面对实际或潜在的竞争时，就违背了竞争中立原则。潜在的或实际的私有竞争对手经常抱怨，持续的国家所有权容易导致市场扭曲。如果对公共服务提供了过度补偿（包括对某些活动垄断利润的特许），可能会造成交叉补贴，例如，在某些"利润丰厚"的领域收取超额费用以资助其他公共服务等。这不仅不利于实现公平竞争，其透明度也与社会公众的期待不符。不管市场机制是什么样的，都应当对国有企业的公共服务义务加以清楚界定，公共服务的提供也必须遵循事先定好的目标。公共服务的核算和补偿应该公平、合理、充分和透明。

第五，税收中立。税收中立主要是指国有企业应与其私有竞争对手的税收负担水平相当。国有企业是否以公司形式组建，其经营行为是否脱离政府机构，会对税收中立原则的实施产生明显的影响。实际上，一个国有企业，不管是股份公司，还是法定公司，都与其他所有制企业一样，作为一个公司，它们都面临相同的直接税与间接税负担。但是，如果该国有企业没有以公司形式组建并且其经营行为没有脱离政府机构，那么其经营行为几乎可以看作政府活动，而一般的政府活动往往无须缴纳间接税。同时在许多国家，也不可能通过法律手段对政府机构的收入征收企业所得税。由此造成的税收待遇上的差异，导致私有企业常常抱怨国有企业拥有不公平竞争优势，因为税收优惠实际上等同于财政补贴。某些税收的减免可能会影响定价，也可能影响政府的支出和投资决策。比如，如果公共服务也需要缴纳增值税，那么政府可能不太愿意外包给第三方

---

① 王婷：《竞争中立：国际贸易与投资规则的新焦点》，《国际经济合作》2012年第9期。

或以公司制的方式提供公共服务，而是以内部供应等免税方式提供。为了确保竞争市场的公平性，国有企业必须与同类私有企业承担相当的税负水平。考虑到减免税收的条款往往比较隐蔽和间接，政府应采取以下方法应对税收问题：对公司化的企业坚决执行非歧视原则；对于非公司制企业的商业活动，用补贴费代替缴税；及时调整政府服务价格，反映税负成本的增加。

第六，监管中立。监管中立主要是指政府应当在实施监管的过程中，平等地看待国有企业和私有企业，不能不当地加强或放松对不同所有制企业的监管。监管质量对提高公共部门效率、纠正市场失灵，以及为各类企业（特别是中小企业）创造公平竞争环境至关重要。为维持竞争中立，应尽最大可能使国有企业与私有企业在同一个监管环境中经营。现实中，国有企业往往因为监管的不中立而享有不当竞争优势，如提前获知计划或获得建设许可，受政府控制的金融行业获得略微宽松的监管等。政府可以通过实施一视同仁的非歧视政策来实现监管中立，若在政策上不可行，则应对政府企业凭借优势地位获得的财务福利做出评估，要求企业进行补偿支付。尤其值得注意的是，在对国有企业监管时还可以进一步考虑将竞争法或反垄断规范，应用到国有企业及其他政府商业活动中，以实现监管中立。对于未能实现市场化的国家，可能还会存在"旋转门"现象。如果按照政府管理公务员的模式管理国有企业高级管理人员，那两者之间在一定条件下会存在互换关系，更多的时候是存在监督隶属关系的政府部门公务员与在其监督之下的国有企业的高级管理人员互换。在对政府公务员监督不足的情况下，很容易造成国企与监管部门间的利益输送，很显然，对这种情况下的监督的效率就不能有太高期望了，这种情况也是违背监管中立的。

第七，信贷中立。信贷中立主要是指国有企业及其他享有政府提供的优势的企业应与私有企业一样，对同等条件下的负债义务承担相同的利率。国有企业及其他享有政府提供的优势的企业与一般私有企业相比，往往享有更为便利的信贷条件，而一般私有企业则只能靠自身力量来融资，并且只能向市场融资而不能向政府融资。即便是同时向市场融资，有政府信誉提供担保支持的国有企业也更容易融资，因为国有企业及其他享有政府提供的优势的企业的商业活动，往往在事实上或被认定为有较低的违约风险。此外，为了与国有企业长期合作，这些借贷机构也乐意提供较低的贷款利率给国有企业。为了防止以上种种非竞争中立行为，政府应明确保证，国有企业不能从政府提供的信贷补贴中受益。向效率低下的企业提供过高的信贷补贴支持，会使其面对与无信贷补贴企业相比更软的预算约束，从而扭曲企业行为。在纯粹的商业条件下，提供低于市场利率的政府贷款、抵押担保或证券化是有违竞争中立的，因为这无异于直接拨款，也可能产生同样的扭曲后果。信贷中立要求政府采取诸如以市场化融资利率水平要求国有企业、提供更多融资渠道给私有企业等措施，来消除国有企业享有的不当竞争优势。

第八，政府采购中立。政府采购中立主要是指除一些特殊项目（应由法律文件予以确认）的采购外，政府应当为国有企业、其他享有政府提供的优势的企业以及私有企业，提供一样的竞标条件和环境。符合竞争中立的政府采购行为应具备这些特征：一是采购行为应具有竞争性和非歧视性，二是所有参与竞标的企业应符合公司化，三是有明确核算特定职能的直接成本，四是有合理的商业回报率，五是有合理补贴，六是税收中立，七是监管中立，八是信贷中立。即便是这样，一些历史悠久的国有企业，可能利用其市场先入地位的巨大优势有效阻碍竞争者参与竞标，具体包括：凭借在竞标领域已有的业绩记录获得预审或竞标的优势地位；关于服务水平及成本的信息优势；不用承担潜在市场新进者在启动和过渡阶段的成本，特别是针对有固定期限的合同。在某种程度上，这种优势可能被认为与传统的规模经济有关，理论上与竞争中立无太大关联，但如果政府下定决心要打造真正公平的竞争环境，就应该考虑这些因素。政府采购中立要求政府在采购政策、程序及标准方面保持高度透明，在供应商选择上应确保公平地对待各方，努力消除任何不平等的壁垒，确保遴选程序的公平性和非歧视性。

其次，实施机制。

为了实现以上要求，竞争中立通常还需要构建一系列实施和保障机制，从世界范围内已有的实践来看，竞争中立的实施机制主要包括以下方面：第一，建立专门的实施机构；第二，确立竞争中立的基本原则和规则；第三，构建有效的实施机制。

第一，建立专门的实施机构。专门的实施机构是保证竞争中立制度有效实施的基础，有必要整合现有行政资源或者建立一个新的行政机构来持续有效地执行。国际上也往往是由专门的机构来保障实施竞争中立制度，如澳大利亚建有专门的机构负责接受竞争中立的投诉、开展相关调查并向有关部门提出建议，即澳大利亚政府竞争中立投诉办公室；欧盟建有专门的竞争委员会竞争总司，负责实施欧盟竞争法和国家援助控制规则；在TPP中，也建立了专门的国有企业和指定垄断委员会，负责竞争中立有关规则的实施。

第二，确立实施的基本原则和规则。竞争中立制度的实施原则是在竞争中立实施过程中没有具体规则参照时的决策依据，是为了更好地实施竞争中立制度而提出的。竞争中立制度实施的基本原则包括要求国有企业和指定垄断"基于商业考虑"行为和贯彻"非歧视原则"，要求政府贯彻"国民待遇原则""最惠国待遇原则""正当程序原则"等，这些原则应在竞争中立制度相关的法律法规文件中体现，为竞争中立实施机构提供充分的法律法规依据。竞争中立制度实施的基本规则包括投诉规则、申报和审查规则、透明度规则、争端解决规则以及对违法违规行为的执法规则等。

第三，构建有效的实施机制。国际上关于竞争中立制度实施的经验可以借鉴，如澳大利亚主要通过"投诉机制"实施竞争中立。由于在接受投诉并开展调查后，澳大利亚政府竞争中立投诉办公室本身并无决定权和执行权，只享有"建议权"。澳大利亚的竞争中立制度在一定程度上是"没有牙齿"的制度，不利于竞争中立制度的有效实施。相比之下，欧盟的竞争中立制度是"有牙齿"的制度。欧盟委员会不仅能够接受举报，还具有自主调查权、决定权和执行权。而且，欧盟构建了包括事先申报、事中调查、事后救济、司法审查在内的一整套的国家援助控制制度，能够对政府实施的排除、限制竞争行为予以全方位的监督。[①]

2.6 非竞争中立的表现形式

国际上一般认为竞争中立的实施有助于市场整体资源配置效率的提升。当某些经济主体（无论国有或私有）被置于一种不恰当的劣势地位时，商品与服务不再由效率最高的生产者提供，这将导致实际收入的下降以及稀有资源无法得到最优使用。

国际上非竞争中立的表现形式根据不同主体的不同行为来划分主要有三类。一是政府或国有企业主动违背竞争中立。即使政府对竞争中立所带来的经济效益十分清楚，但是出于相关公共政策职责的考虑，也可能主动做出采取非中立措施的决定。做出这些非竞争中立行为主要是为了履行公共服务义务、实施产业政策、保证财政收入以及实现某些政治目的等政策目标。其实完全可以以竞争中立的方式通过国企实现上述政策目标。以公共服务义务的实现为例，这一理由是保护国有企业免受其他具有竞争关系的私有企业"过

[①] 赵学清、温寒：《欧美竞争中立政策对我国国有企业影响研究》，《河北法学》2013年第1期。

度"竞争的最常见理由，一般与国有企业的公共服务义务紧密相关，如在偏远地区保持优质服务、在可负担费率范围内提供关键的公共设施等。从严格的经济意义上来讲，没有必要在公共部门保留这些企业，因为相同的目标可以通过定向补贴实现。然而，这个世界充满不确定性以及存在不完善的合同，决策者们可能会认为，要更好地履行公共服务义务、纠正市场失灵，就应该维持对该服务提供机构的控制权。

二是政府从事商业经营活动时无意违背竞争中立。当政府以非公司形态在市场中运作时，理论与实践往往存在一定差距。虽然政府维持公平竞争环境的政治承诺可能很坚定，但是因为与国有企业的商业主体性质不同，在市场上出售服务的政府部门可能会在无意中破坏竞争环境。无意中违背竞争中立的行为恰恰反映出政府工作人员由于历史沿革而希望维持现状的心态，他们试图通过增加额外收入或减少政府采购的方法来补充稀缺的预算资源。

三是为追求非商业目标而被迫违背竞争中立。无论从经济还是政治角度，对非商业活动做出定义都是一件十分重要的事情。毫无疑问，要使竞争中立制度符合实际，就必须进行一定程度的价值判断。对于"商业"与"非商业"活动的定义，尚无普遍认可的说法，通过将商业活动与非商业活动分别归于不同经济实体，来解决竞争中立与公共服务义务无法兼顾的问题，看似一个非常可行的方案。根据这一逻辑，"商业"实体将完全按照竞争原则向市场提供商品与服务，而"非商业"实体应依据相关政府部门制定的标准为公共利益服务。然而，由于种种原因，这种做法在经济上并非总是有效率或可行的。事实上，这正是一家企业商业活动与非商业活动的重叠之处，如公共服务的提供是市场化的或可能通过市场化实现，并且两类活动是高度融合的，那很显然会形成重叠。

国际上，公共服务并非全部由国家提供，越来越多的第三方经营者受委托承担公共职责，有时还以市场化的方式提供公共服务。良好的公共服务政策制定通常要求公共服务"物有所值"，即同时考虑效率与公共利益目标。如果政府默许私有企业提供质量劣于国有企业的公共服务，就违背了竞争中立，就形成了有利于私有企业的局面。无论选择何种政策，公共服务的性质以及服务的提供是否按照商业化方式进行都会给竞争环境带来实质性影响。

第三章
竞争中立的国际实践比较

竞争中立是一个舶来品,对其国际上的实践进行考察非常必要。本章分析了通过国内改革实施竞争中立的澳大利亚版本竞争中立制度、作为国际倡导性规则的 OECD 版本竞争中立制度、作为国际约束规则的 TPP 版本竞争中立制度、作为地区约束规则的竞争中立制度——欧盟的国家援助控制制度以及美国与欧盟主导的其他竞争中立制度和发展中国家的竞争中立制度,最后得出竞争中立制度多元性的初步结论。在分析这些竞争中立制度的国际实践时,重点考察了不同版本竞争中立在理念、制度和规则方面的差异及其背后隐含的逻辑理路,总结和分析不同版本之间的共性与个性,在此基础上探讨中国实施竞争中立制度的特殊性以及实施方向。

3.1 澳大利亚版竞争中立制度

3.1.1 澳大利亚设立竞争中立的背景及其演进

20 世纪 80 年代至 90 年代是发达国家推行市场化改革的重要历

史时期。① 在这一国际背景下澳大利亚率先在国内建立"竞争中立"框架,旨在促进本国国有企业改革。在澳大利亚,一些国有企业存在经营效率低下的情况,政府希望在传统国有企业所在领域引入竞争,以期通过竞争,提升经济效率,促进经济增长,创造就业机会,增加消费者福利。为达到此目的,1991年7月在一次特别首脑会议上,各州的首脑同意实施一个更广泛的、全国层面的统一竞争政策,即国家竞争政策。1992年,澳大利亚总理基廷(Paul Keating)设立了一个专门委员会,评估竞争政策的实施情况。该委员会由希尔默(Fred Hilmer)教授负责,在1993年8月提出了《国家竞争政策》报告,即《希尔默报告》(Hilmer Report)。该报告指出,国家竞争政策包括六个重点改革方面,"竞争中立"就是其中之一。由此,竞争中立成为规制政府商业活动的重要规则。报告主张,各级政府应确保国有企业在同私营企业竞争时,遵守符合"竞争中立"

---

① 20世纪70年代,由于英美等西方国家已无法继续根据凯恩斯主义来应对"滞胀"局面,新自由主义作为现代资产阶级的经济和政治思想得以兴起,并主张私有化、非调控化、全球自由化、福利个人化,坚决反对社会主义、公有制和国家干预。新自由主义代表人物哈耶克(奥地利学派——新自由主义的一个重要学派)认为,私有制才是自由的最重要保障。他攻击社会主义,因其意味着与独裁、极权主义和纳粹主义"走着同一条道路",是一条"通往奴役之路"。在哈耶克等人的思想影响下,撒切尔夫人、里根奉请"芝加哥学派"(新自由主义的另一重要流派)经济学家弗里德曼为政府经济顾问,积极贯彻市场至上、高度私有化、福利个人化等思想,否定政府对经济的宏观调控,成为新自由主义经济理论的强力推行者。他们二人是促使新自由主义风靡资本主义世界的"两大鼓手",形成了以自由主义市场经济为特征的"撒切尔—里根主义",联袂在西方世界掀起了一场主张国有企业私有化、实行富人减税政策、减少政府支出、限制福利开支的"放松管制"运动,合力改写了世界经济格局。同时,撒切尔夫人、里根一起不遗余力地在全球推行新自由主义,鼓动其他国家进行市场化改革,在20世纪80年代掀起了一场全球规模的市场化浪潮。1989年,他们二人的新自由主义经济政策最终结出了"华盛顿共识"的果实,并通过国际货币基金组织、世界银行、世界贸易组织等由英美等西方国家控制的国际组织和跨国公司向全球输出其经济思想,在苏联与中东欧等社会主义国家推行自由主义的经济改革。

原则要求的行为规范。① 1995 年 4 月 11 日,澳大利亚的联邦政府和地方各级政府共同制定了一系列政策文件,确立了"竞争中立"原则。1995 年 4 月,联邦和各州、领地间政府达成《竞争原则协定》(Competition Principles Agreement,CPA),明确提出,保持政府和私人商业活动间的竞争中立,是其竞争政策改革的重要目标。1996 年 6 月,在《竞争原则协定》的基础上,澳大利亚政府推出了《联邦竞争中立政策声明》②,明确了竞争中立的概念,"竞争中立"是指政府的商业活动不得因其公共部门所有权地位而享有私营部门竞争者所不能享有的竞争优势。1998 年,澳大利亚发布《澳大利亚联邦关于经理人的竞争中立指引》③,明确规定了竞争中立原则实施的细则。2005 年澳大利亚联邦生产力委员会〔下设澳大利亚政府竞争中立投诉办公室(Australian Goverment Competitive Neutrality Complaints Office,AGCNCO)〕发布了评价澳大利亚竞争政策的综合性研究报告,认为包括推动"竞争中立"在内的国家竞争政策改革取得了良好的成效。

3.1.2 澳大利亚竞争中立的概念及适用范围

澳大利亚在 1996 年《联邦竞争中立政策声明》中对"竞争中立"的概念做了一个广为引用的界定:"竞争中立"是指政府的经营活动不得因其公共部门所有权地位而享受私营部门竞争者所不能享有的竞争利益,即各国政府应确保各市场参与者之间的公平

---

① F. G. Hilmer,"National Competition Policy,"(Hilmer Report),1993,http:∥ncp.ncc.au/docs/Nationa%20Competiton%20Policy%20Review%20Report,%20The%20Hilmer%20Report,%20August%201993.pdf.
② "Commonwealth Competitive Neutrality Policy Statement,"http:∥archive.treasury.gov.au/contentitem.asp? ContentID=274.
③ "Commonwealth Competitive Neutrality Guidelines for Managers,"http:∥archive.treasury.gov.au/contentitem.asp? ContentID=274.

竞争。①

核心原则主要表现在两个方面。其一，政府赋予国有企业和私营企业同等竞争地位，不能使国有企业利用其与政府的密切联系而获得优于私营企业的竞争优势。政府通过适用"竞争中立"规则防范和减少所有权问题对市场竞争秩序造成的扭曲。其二，国有企业的商业活动应贯彻商业规则，产品和服务定价应反映真实的市场成本。为了维护公平有序的市场竞争环境，政府通过适用"竞争中立"规则收回国有企业因非市场优势而获取的相关收益。

澳大利亚竞争中立规则的适用主体和客体有其特殊性。首先，在适用主体上，无论澳大利亚国内或者国际组织如何定义竞争中立，无法否认的是，竞争中立规则的立意在于削减国有企业因其国有性质而享有的竞争优势，创造公平的竞争环境，可见该规则适用的主体是国有企业。那么什么样的企业才会被认为是"国有"呢？对于国有企业的范围，各国的定义都不相同，在国际上存在狭义说和广义说两种观点。澳大利亚采取广义说，即所有等级的政府成立的企业，只要其通过销售服务或商品获利，或与民营企业具有竞争关系，则无论其组织形态如何，均属于国有企业的范畴。根据澳大利亚的《联邦竞争中立政策声明》，可以明确竞争中立规则适用的主体分为四种。

一是政府企业。政府企业的主要职能是在市场上销售商品或提供服务，以此获得商业回报。它与联邦政府在法律上是独立的，在开放的市场上与其他企业竞争。所有的政府企业不是采用公司形式就是采用管理局形式，由部委级政府决定成立。政府企业通过银行进行资本往来，并将盈余利润以符合商业实践的方式进行直接投资。大多数政府企业可以从金融市场获得商业贷款，如果从其他企

---

① "Commonwealth Competitive Neutrality Policy Statement," http://archive.treasury.gov.au/contentitem.asp? ContentID = 274.

业（非金融企业）贷款则需要得到澳大利亚贷款委员会的批准。政府企业可以赢利，但是必须向股东支付股息。

二是非政府公司和管理局。即使不是政府企业，也能够在开放的市场上竞争。它们主要行使公共职能，需要财政预算或税收来补贴每年的运营赤字。管理局的一项商业活动每年的营业额超过1000万美元才会受到竞争中立规则的规制。而联邦有限责任公司一般应遵守所有的竞争中立规则，受竞争中立投诉机制的支配。

三是政府商业部门。政府商业部门经过政府的行政安排而建立，其主要职能是通过在市场上销售商品或提供服务获得商业回报。它的管理和经营结构与政府机构的其他部门分离，可申请预支财政预算资金，以便将来获得商业回报。政府商业部门也是赢利的，并且需向国家财政预算分红。在澳大利亚，政府商业部门已经逐渐可以自由选择交易对象。

四是其他从事商业活动的政府部门。某些联邦政府部门也承担从事商事活动的附属职能，虽然这种职能承担只是偶尔或暂时性的，但是在从事商业活动时也会受竞争中立规则的约束。

尽管世界各国对于国有企业的定义不同，国有企业的类型也不尽相同，但是无法否认的是，各国的国有企业往往都会享有政府给予的各种名目的优惠，并从这些优惠中获利。也许最开始给予优惠的目的是好的，但长此以往必定会影响经济的持续健康发展。从竞争中立规则的国际造法趋势来看，竞争中立规则在未来会引领新一轮的国有企业改革。为了应对新的发展趋势，各国尤其是被美国排除在TPP谈判大门外的中国，可以参照澳大利亚的成功经验，根据本国的实际状况及国有企业的类型，实行竞争中立改革。

其次，在适用客体上，从1997年国家竞争政策实施开始至2015年，澳大利亚联邦与州层面已经进行了上百起行政审查。仅从联邦层面来看，也有15起经由澳大利亚政府竞争中立投诉办公室做出行政裁决。但是并不是国有企业的所有行为都应当受到竞争中立规则的规制。按照澳大利亚的《联邦竞争中立政策声明》所述，竞争中立规则适用于"重大的政府商业活动"，而不会规制国有企业非营利性的、非经营性的活动。那么什么是"重大的政府商业活动"？对此，澳大利亚的许多文章都进行了阐述，综合如下。

在澳大利亚，由竞争中立规则调整的国有企业从事的商业活动必须满足以下条件：该商业活动提供的是商品或服务，无论是向私人用户或公共部门提供，或者提供后是否能收回成本；国有企业经营的该项商业活动必须存在一个实际的或潜在的竞争对手，无论这个竞争对手是其他的国有企业或者私营企业，用户都有自由选择交易对象的权利，不受法律或国家政策限定；企业经营活动具有一定的独立性，独立完成商品或服务的生产、供应和定价。

按照上述条件，将会有大量符合要求的商业活动。但这些商业活动并不必然受到竞争中立规则的规制。国有企业从事的非营利性、非经营性的商业活动，应当排除在外。例如，国有企业提供的商品或服务仅供给政府部门，或者该国有企业的主要职能是实现某种社会职能（如卫生、教育、公共研究、公共安全和紧急服务等）。但是，应当明确的是，非营利性不代表国有企业不赢利，只是禁止其通过提供商品或服务赢利。此外，即便国有企业从事的商业活动是营利性的、经营性的，符合法律规定的竞争中立规则调整的条件，也不必然受竞争中立规则限制，除非实施竞争中立后得到的利益大于实施投入的费用。因此，只有"重大的政府商业活动"才会受到竞争中立规则限制。

一项政府商业活动重大与否取决于它在相关市场中的规模和造成的影响。过去，在澳大利亚重大的商业活动被分为两类：第一类是该项商业活动的年度收入超过 200 万美元，或者资产价值超过 2000 万美元；第二类是其他重大的政府商业活动。一般而言，第二类商业活动只有在以下两种情况下才会被认为是重大的商业活动：一是它具有市场竞争力，能够在市场上造成影响；二是它的规模与整个市场相比并不是微不足道的。但是，这种分类并不是绝对的，应当视具体情况而定。这些国有企业通常是公共金融企业及公共经营企业，提供下列服务：①基础设施、住房和国防安全服务；②技术、科学研究机构和实验室服务；③航空服务；④铁路服务；⑤邮政、电信、电视和发布服务；⑥汽车舰队服务；⑦港口服务；⑧能源和水服务；⑨林业服务；⑩金融服务（如联邦储备银行）；⑪大学教育和咨询服务；⑫彩票服务；⑬住房贷款保险和私人健康保险等服务；⑭销售组织服务（如协调销售小麦和羊毛）；⑮安全服务。

3.1.3 澳大利亚竞争中立的行为规则

行为规则主要包括透明度和问责制、税收中立、信贷中立、管制中立、商业回报率中立、价格中立等。

（1）透明度和问责制。这是澳大利亚竞争中立改革的一个核心部分[1]，其具体实施过程包括：在"公司意向声明"中专门规定国有企业的目标和主要活动范围；将董事会建成商务中心；引入短期和中期的绩效指标（包括财务方面和非财务方面）；定期审核机构的履行情况；设置适当的财务要求；等等。

（2）税收中立。这一措施被1996年《联邦竞争中立政策声明》及《昆士兰声明》[2] 等所采纳，政府的商业行为不得享受比其他市场竞争者更为优惠的税务减免，建立税收造价制度，通过税收性调节，将调节税体现在经营成本中，并将相应的税金交给政府。

（3）信贷中立。1996年《联邦竞争中立政策声明》及《昆士兰声明》中指出，国有企业能够以比私营企业低得多的利率获得融

---

[1] "Queensland Statement," pp. 16, 18; "NSW Statement," p. 7.
[2] "Queensland Statement," p. 18.

资，对此，将通过对相关国有企业收取费用来加以平衡，这些国有企业将付出和私营企业一致的成本。

（4）管制中立。要求政府商业行为不能享受与其他市场竞争者完全不同的政策，政府加强管制，要求企业上交给国家与取得的优势地位相当的费用。

（5）商业回报率中立。要求国有企业必须获得合理的商业回报并且需要派发商业红利。

（6）价格中立。要求国有企业的代理机构在进行大型商业活动时必须让其价格反映其真实的成本支出，确保提供给非商业非营利性活动的公共资金没有补贴给政府的商业活动。[1]

关于其管理机制，澳大利亚政府为联邦制，有六个州及两个领地，这些州和领地拥有较大的自治权，"竞争中立"的改革是在州和领地的层面上分别进行的。澳大利亚并没有专门的"竞争中立"规范体系，而主要通过《竞争原则协定》（1995）、《联邦竞争中立政策声明》（1996）、《澳大利亚联邦关于经理人的竞争中立指引》（1998）等协定、声明和指引将"竞争中立"的理念、目标植入政府各个部门的具体执法活动之中。在主机构设置上，也没有专门执行"竞争中立"的主管部门，而是通过澳大利亚竞争与消费者委员会（Australian Competition and Consumer Commission，ACCC）、国家竞争委员会（National Competition Council）、澳大利亚政府竞争中立投诉办公室、澳大利亚财政部等多个部门共同承担竞争中立的执法职能。[2] 从1996年起，国家竞争委员会定期发布国家竞争政策改革

---

[1] A. Capobianco and H. Christiansen, "Competitive Neutrality and State-Owned Enterprises: Challenge and Policy Options," *OECD Corporatie Governance Working Papers*, No. 1, 2011.

[2] 财政部负责竞争中立政策的制定。国家竞争委员会负责财务上的惩罚程序。生产力委员会负责向政府提供微观经济改革的建议。澳大利亚政府竞争中立投诉办公室（联邦一级的投诉机构，其他州和地区都建有独立于政府的竞争中立投诉机构）则受理对国有企业违反竞争中立的投诉；但它一般没有执行权，只是向政府财政部门汇报调查结果，并提出合理建议，由政府部门执行。

年度评估报告。

3.1.4 澳大利亚竞争中立的实现途径

竞争中立可以通过立法，对国有企业进行结构化改革来实现。国有企业在发展民族工业、承担社会职能方面发挥了重大而积极的作用，无论是发展中国家还是发达国家，或多或少都有一些国有企业。但是，国有企业也是国家手中的一把双刃剑，既可发挥积极作用，也存在一些问题。比如生产效率低下、缺乏自主性、市场竞争力弱、人员激励不足、市场监督不力、企业冗员等。对此，从20世纪80年代末开始，为了提高国有企业生产效率，减轻政府负担，澳大利亚进行了一系列的国有企业改革。改革包括两个方面。

第一，私有化改革。

澳大利亚是一个资本主义国家，以私有制经济为主，但也存在一定数量的国有企业。虽然澳大利亚的国有企业数量占企业总数的比重较小，但其经济地位非常重要，主要分布在一些关乎国计民生的行业，如银行、通信、交通、电力、卫星等。对国有企业进行私有化改革是为了使国有企业受到市场竞争规则的制约。有一些行业，诸如石油、电力、天然气，在大部分国家都是由国有企业垄断经营的。国有企业垄断的理由很充分，即为了保证这些与公民衣食住行密切相关的行业不被私营竞争者把持，为实现利益最大化而随意哄抬价格，影响公民的日常生活。

对于澳大利亚来说，最开始这些垄断某一行业的国有企业都起到了预期作用，但发展到现在，允许私有企业的进入反而更能够使这些传统的垄断行业更好地发展，因为随着这些国有企业的发展"成熟"，垄断行业变成这些国有企业的"一言堂"，产品和服务定价由国有企业自己决定，没有体现市场的调节作用，公民没有比较优劣并自主选择的权利。引进私营竞争者可以促进竞争，用户也可以得到实惠。比如澳大利亚的电信行业,将电信行业由国有企业独家经营改为 20 多家企业共同经营,形成激烈的竞争,使用户的费用降低了 50%。在这些国有企业垄断行业,除了可以利用私营竞争者来改善行业现状外,还可以直接将国有企业私有化。澳大利亚政府对国有企业的私有化以改革为主,对大多数国企进行了私有化或半私有化改造。澳大利亚政府国有企业私有化改革的主要途径是将国有企业的资产全部或部分公开出售,例如,20 世纪 80 年代后期澳大利亚政府出售了国防与内政服务公司、澳大利亚国家航空公司、澳大利亚联邦银行、澳大利亚电信公司。由于国有企业经常享受来自国家或政府的财政补贴,当国有企业私有化后,国家和政府对其财政补贴大大削减甚至消失,这就减轻了政府的负担。

第二,公司化改革。

为了行文方便,在叙述中将所有国家或政府的商业部门和机构、公有制企业等这些由国家或政府控制和掌握决策权的实体统称为国有企业。事实上,并不是所有的这些实体都表现为公司的形式。而公司化改革就是将这些实体公司化,使有企业接受公司法的规制,承担纳税义务,不再享受政府财政补贴,接受与私营企业同等的监管安排,即便仍然有政府资金的进入,政府也只是作为普通的股东,公司的管理和重大事项决策权掌握在股东会和董事会的手中。但公司赢利时仍需向政府分配红利。澳大利亚的国有企业改革集中在私有化改革上,公司化改革只占极小部分。

3.1.5 澳大利亚竞争中立的投诉机制

如果说国有企业改革是从源头上解决竞争中立问题,那么建立竞争中立争端解决机制,就是给予遭受不公平竞争的投诉者一个申诉救济的机会。竞争中立框架构筑完成之后,最重要的是维护平等竞争环境的成果,竞争中立投诉机制就是在这种背景下产生的。

澳大利亚生产力委员会是负责接受和调查联邦、自治州及领地的有关竞争中立的投诉的机构，而澳大利亚政府竞争中立投诉办公室是澳大利亚生产力委员会下的一个专门受理、调查联邦层面的投诉的部门，它根据生产力委员会的法案成立，接受对政府商业行为的投诉。针对竞争中立投诉，办公室向国有企业提供建议，并且帮助国有企业完成竞争中立改革。办公室的职责在于：接受和调查有关联邦国有企业的竞争中立投诉，无论该国有企业是否实行了竞争中立改革；有权要求它认为有能力提供有关竞争中立投诉信息的个人提供相关信息；向联邦财政部报告其调查结果；对未来采取的行动提供适当的建议；报告投诉的数量和处理投诉的结果；发布各种指南来帮助国有企业适用竞争中立规则。办公室接受并对投诉进行评估，投诉办公室审查投诉后，再对案件做出行政审查，进行最终裁决。

在澳大利亚，每个州和领地都设置了不同的机构来处理竞争中立投诉问题。例如，在昆士兰州，由两个机构——昆士兰竞争管理局（QCA）和昆士兰财政部受理投诉。竞争管理局接受并调查有关国有企业及当地政府商业部门经营活动的投诉，这些国有企业或政府商业部门已经进行竞争中立改革两年以上。财政部接受竞争管理局管辖范围以外的其他投诉。在新南威尔士州，由国家控制委员会（SCCB）调查有关国有企业招标的投诉，由独立定价和监管法庭（IPART）调查其他有关竞争中立的投诉。在澳大利亚首都堪培拉直辖区，由于直辖区管辖范围较小，从公共利益方面考虑，国有企业无论商业活动大小，都受竞争中立规则制约。直辖区的竞争监管机构是独立竞争和管理委员会（ICRC），负责调查投诉并给出报告。ICRC 在接受一项投诉并做出调查后，将会公布其调查结果，并向直辖区政府提出相关建议。在维多利亚州，接受并调查投诉的机构是竞争中立部门（CNU），CNU 会在 11 个月内将投诉中指向的国有企业的相关情况调查清楚。虽然各个州根据不同的标准建立投诉机构应对投诉，但可以肯定的是，澳大利亚州政府和领地政府都积极解决竞争中立投诉问题。

除具体在联邦和州设立投诉办公室和委员会来接受和调查竞争中立投诉外，还有一个很重要的机构，即澳大利亚竞争和消费者委员会。它根据澳大利亚竞争和消费者法成立，是独立于政府之外的法定机构，职责在于确保个人和企业遵守联邦竞争法。此外，ACCC可以对具体的市场进行监管，并负责全国竞争政策的执行，同时企业和个人还可以从委员会了解自身权利义务的相关信息。ACCC还可以对违反贸易法中竞争和消费者保护条文的行为进行调查，并以自己的名义提起相应的法庭程序。

那么，究竟谁可以向竞争中立投诉办公室投诉？大部分的投诉来自私营企业，但并不限于此。任何类型的企业都有可能在市场上与国有企业竞争，因此，个人、私营企业和其他的国有企业都可以向办公室投诉。另外，还需注意的是，投诉者或潜在的投诉者并不是直接向办公室投诉，而是先与具体的国有企业联系，解决不公平竞争的问题，如果交涉不成功，再诉诸竞争中立投诉办公室。投诉的处理过程包括五个步骤。

第一步，弄清楚投诉的性质，并弄清被扭曲的国有企业商业活动中应受竞争中立规则限制的内容。第二步，确定竞争中立投诉办公室适合处理该项投诉（该项投诉与办公室所在政府所控制的国有企业有关），并且该项投诉是实质性的和事关重大的，而不是琐碎而无聊的，以及该项投诉与竞争中立问题有关，并且不是正在被政府审查。第三步，确定国有企业进行的是重大的商业活动，该项商业活动通过销售商品和提供服务赢利；国有企业从事的商业活动存在实际的或潜在的竞争对手（无论是公共部门或私营部门），并且企业的管理者或经营者有一定程度的自主权，独立决定生产何种产品和提供何种服务以及独立定价。第四步，确定投诉是有关国有企业因其"国有"性质而享有竞争优势，而不是其他的原因。具体而言，这些原因包括：国有企业适用竞争中立规则失败而享有竞争优势；国有企业不恰当地适用竞争中立规则以及竞争中立规则的适用并没有有效地削减国有企业的不当竞争优势；国有企业的商业活动应当受到竞争中立规则的限制但实际上没有受到限制。第五步，系统分析是否在其他方面违反了竞争中立规则，以及实现竞争中立所带来的利益是否大于相关消耗成本。基本上竞争中立投诉办公室受理的投诉按照上述步骤处理。

3.1.6 关于澳大利亚竞争中立的评价

澳大利亚是世界上最早在一个主权国家内部提出并构建竞争中立制度体系的国家，其相关实践为其他国家提供了广泛的经验。也正因为如此，包括 OECD 在内的国际组织在推广竞争中立的理念和制度时，基本上都是以澳大利亚的制度为范本。但是，笔者基于调查研究，发现澳大利亚的竞争中立制度仍然存在以下三方面的问题。

第一，根据澳大利亚的竞争中立制度，竞争中立只有在"收益高于成本"的时候才可以实施。OECD 提供的"最佳实践"也延续了这一做法。考虑到国家成立国有企业必然会存在一些"净利益"，成本收益分析的结果很可能导致"不作为"。比如，即便在澳大利亚的竞争中立制度通过 17 年后，将竞争中立适用于"国家宽带网络"（National Broadband Network）这样的大型国企仍然艰难。这必然会大大减弱竞争中立实施的有效性。

第二，澳大利亚"赋予每个辖区确定如何、何时以及哪些企业应该适用竞争中立的权力"。这样一来，每个州和地方都有可能基于自身的"特殊情况"决定不实施竞争中立制度。而且，在澳大利亚的制度设计中，竞争中立实施机构仅享有"建议权"，并不享有

"执行权",相关建议能否被相关政府部门接受在不同的地区存在不同的情况。

第三,澳大利亚的竞争中立制度是在市场驱动下自发产生的,主要针对的是财政补贴这一扭曲公平竞争的行为,而并不特别强调如何解决优待国有企业的反竞争监管问题,因为这对于澳大利亚而言不是突出问题。但是监管中立问题对其他国家和地区(特别是发展中国家和新兴市场国家)而言却是一个重大问题。因此,澳大利亚的措施并不一定适合其他国家,在目前情况下也很难移植为通行的国际规则。

3.2 OECD 版竞争中立

3.2.1 OECD 关于竞争中立的研究报告

OECD 是发达国家推动国际经济合作和国际贸易投资规则改革的重要平台,它所通过的研究报告、最佳实践、指引或指南等文件在国际贸易投资活动中往往有着"软法"的效力,其影响是全球性的。上述文件所构建的"软法"系统基本上代表着发达国家对于全球贸易、投资自由化的意愿与立场,而 OECD 的系列文件往往也构成国际贸易投资规则谈判的基础。正如 R. Hormats 所说:"一旦 OECD 制定好了关于竞争中立的框架,我们将进入说服新兴和发展中国家为了长远的经济利益,接受竞争中立的阶段。"[①]

20 世纪后期英美等国掀起一场旨在提高公司运营效率的公司治理运动。OECD 为推动其成员国公司治理的改革实践,已经先后出版了《OECD 公司治理准则(2004)》(*OECD Principles of Corporate*

[①] R. Hormats, "Ensuring A Sound Basis for Global Competition: Competitive Neutrality," 2011; D. A. Mccarthy, "State Capitalism and Competitive Neutrality," 2012.

Governance，2004)、《OECD 各国公司治理调查》(Corporate Governance: A Survey of OECD Countries) 等重要文献。同时，在上述工作中，其研究的视野也覆盖了国有经济/国有企业领域，其成果主要包括，《OECD 国有企业公司治理指引》(OECD Guidelines on Corporate Governance of State-Owned Enterprises)、《国有企业公司治理：对 OECD 成员国的调查》(Corporate Governance of State-Owned Enterprises: A Survey of OECD Countries)、《公司治理问责与透明度：国家所有权指南》(Corporate Governance Accountability and Transparency: A Guide for State Owenrship) 等文件的出版、发行。

OECD 版的竞争中立政策则以公司治理为基础和基本路径。OECD 公司治理工作组于 2011 年公布了《竞争中立和国有企业：挑战和政策选择》，于 2012 年公布了《竞争中立：维持国有企业与私有企业公平竞争的环境》。这两份报告在《OECD 国有企业公司治理指引》的基础上对竞争中立进行了探讨，报告共分四个部分：①竞争优势的主要来源和促使国有企业经理、董事和政府所有者利用这些竞争优势的激励机制；②打击竞争优势的国内途径；③可供竞争机构采用以应对国有企业反竞争实践的途径；④有助于促进竞争中立的措施。因此，OECD 将竞争中立界定为："为了避免市场扭曲，应该保证国有企业在市场竞争中与私营企业处于公平竞争的状态；公司的治理结构必须完全符合 OECD 公司治理准则。"这一定义基于公司治理的理论和实践成果，具有鲜明的 OECD 特色。OECD 的国有企业治理准则认为，政府可以基于一些政治或公共利益上的考虑，对国有企业提出要求，但其最终目标是增强经济活力和保证市场公正。正是因为公司治理存在这一要求，OECD 通过以上两个报告表明竞争中立规则必须建立，它是实现"增强经济活力和保证市场公正"这一最终目标的必经之路。

OECD 的研究表明，在许多情况下，国有企业享有私有企业所不具有的便利条件，国有企业享有的优势竞争地位，导致其与私营企业之间的不平等竞争关系。主要包括八个方面。①补贴。[①]国有企业可以通过直接从政府获得补贴或财政资助等形式来维持其商业运作。②特许融资和担保。[②]国有企业可能享有政府直接提供的或者由国家控制的金融机构提供的低于市场利息的贷款。③政府提供的其他优惠待遇。例如，反垄断法适用的豁免以及某些履行上的披露要求的豁免。此外，国有企业往往是政府采购的受益方，其"国有"性质有利于它迎合政府采购的要求来提供它们的产品和服务。④垄断和证明优势。国家设立国有企业的主要目标之一就是让其贯彻国家产业政策的目标，这也就意味着国有企业必然在主导产业中占据垄断地位。在有些国家，国有企业把持着产业链中最重要也利润最高的环节，使得上下游产品的价格、产量均由其掌控，这不仅会导致国有企业形成比私营企业更优的竞争地位，更重要的是，会影响整个国家产业的健康发展。⑤可获取的股份。国有企业的股份通常都是被"锁定"的，其控制权不像私营企业一样可随意转让，这给国有企业带来了一系列的问题，比如：国有企业无须向股东分红；当它制定价格策略时，无须考虑股价、成本等因素。另外，当控制权很稳定时，公司的管理人员会丧失盈利的激励，致使公司效率低下。⑥破产例外规则。由于其资本是被锁定的，国有企业往往不适用破产法，没有了对破产的担忧，企业对其经营活动往往没有制

---

① 补贴被认为是一种最直接的政府扶持。比如，受政府扶持的国有（公有）企业用以维持商业运营活动的资金就非常有可能是从政府那里获得的直接的资金注入，政府同样可以通过对受政府扶持的国有企业的税收减免来实现对该企业的补贴。补贴的形式可以是多样的，例如，政府可以向国有企业无偿或低价出让土地使用权，这将在很大程度上降低国有企业的运行成本，而私人企业需要以更高的市场价格来获得相同条件的土地使用权。
② 国有企业容易获得融资和担保上的优惠与便利。通常情况下，国有企业能够较为便利地从政府或者国有金融机构获得贷款并且政府会做出担保。与补贴一样，按照OECD国有企业治理准则的说法，该形式大大降低了国有企业的融资成本。相对于私人企业，国有企业无疑在获得资金支持上拥有更大的优势。

约。⑦信息优势。国有企业与私营企业在信息获取上的不对称也会使国有企业处于优势地位。⑧破产豁免权。国有企业的某些部门或公司形式还享有破产豁免的权利。

上述优势竞争地位会帮助国有企业以掠夺性定价和低价倾销的手段获得垄断地位，逼走私营竞争者，形成不公平的竞争环境。而这些优势竞争地位并不是国有企业依靠其领先的技术、良好的治理或其他自身表现而获得的，而是靠国家给予其特权和豁免获得的，这种优势不仅对其他竞争者不公，更无益于提高企业自身发展水平。所以，竞争中立必须包括透明度、税收中立、信贷中立、规则中立、国有企业与私营企业的利润率具有可比性、国有企业的价格形成方法反映其实际成本等具体要求。

3.2.2　OECD版竞争中立建议的行为规则

OECD将"竞争中立"界定为一种适用于所有企业的法律制度环境，在具有这种特质的市场体系中，国有企业和私有企业受到同样的制度规范约束，不存在任何不当竞争优势或劣势。比如，在2012年的研究报告《竞争中立：维持国有企业与私有企业公平竞争的环境》中OECD将"竞争中立"与"公平竞争环境"同等看待。这份报告还强调其研究对象范围已经从狭义的国有企业拓展到了各种带有政府色彩的商业活动。针对政府商业活动可能在市场上获得的竞争优势，并综合多国在处理竞争中立问题时的不同侧重点和已有做法，OECD总结了以下有关"竞争中立"的八个方面的行为规则。

第一，精简政府企业的运作形式。OECD认为，通常企业与政府的关系越疏远，越有利于保持市场的竞争中立，所以要求推进政府商业活动的公司化、私有化改革进程。但私有化并不是必须的，竞争中立的目标不是消除所有政府商业活动，而是要求这些企业采取更为规范的经营模式,避免政府背景所带来的过度竞争优势。竞争中立的这一目标就是要推进所有政府商业活动的公司化进程。

第二,确定特殊职责的直接成本。制定适当的成本分摊机制对确保竞争中立非常关键。与私有企业相比,公有机构的成本结构可能会使其处于优势或劣势,例如其员工成本可能较高,而资本成本可能较低。这类成本优势与劣势应当清楚识别、加以量化并做出合理说明。为了确保竞争中立,政府商业活动的成本结构应当考虑以下几点:一是源于公共服务义务的额外成本;二是融资、税收及相关监管影响导致的预估优势;三是在计算公共服务义务成本和融资、监管优势的基础上,预估国际预算在这些实体投资上的补偿性收入。此外,提高企业的公开透明度和会计要求在确定特殊职责的直接成本上也发挥着一定的作用。

第三,获得商业回报率。如果国有企业在商业化的竞争性环境中运营,在一段合理的时期内没有获得与市场水平一致的回报率,则在其他条件相同的情况下,来自私有企业的市场竞争会受到削弱。如果国有企业采取激进的定价策略,这个问题会更加严重。不仅如此,为每个商业性业务板块设定合理的回报率,还可以有效避免国有企业的交叉补贴行为。OECD 认为国有企业应拥有与私有企业水平相当的回报率;评价业绩时,应当与同行业类似企业进行对标。除利润最大化外,国有企业或其他类型政府企业可能还有其他经营目标,OECD 认为应使此类目标公开透明,切不可以该目标为由削弱实际或潜在的竞争。OECD 认为尽管传统竞争法律在避免反竞争行为(如成本掠夺测试)方面发挥了重要作用,但如果国有企业不追求利润最大化或被允许维持较低回报率,则有必要采用其他手段(如合理的成本会计体系以及跨行业业绩比较等)。

第四,履行公共服务义务。如果已进入市场运作的国有企业还要执行公共政策优先事项,总是会引发人们对竞争中立的关注。市场化程度取决于各国国情和谁真正代表公共利益。竞争中立要求对基于商业提供的服务进行准确的成本核算、价格确定和有效监管。这意味着要取消国有企业或先入企业拥有的特权,并充分补偿各个公司。OECD 认为公共预算用于对履行公共服务义务的补偿时,要保证高度透明和信息公开。应该对公共资源的使用进行预算监督和监测。在平衡商业和非商业目标时,OECD 建议,国有企业应就其被要求实现的公共政策目标获得足够的补偿,应以一种可单独记账的方式划拨和使用补偿款。制定可靠的成本计算方法可以尽可能避免交叉补贴,因为如果国有企业或者先入企业在从事正常商业活动的同时,还要提供重要的公共产品,就会产生与竞争中立有关的问题。

第五,税收中立。国有企业和私有企业的平等税收待遇对竞争中立非常重要。政府不应为了避税而购买自产自供的商品和服务。OECD 认为在国际贸易中,同类企业从事类似交易时,应当缴纳相同水平的增值税,如果必须存在对外国企业的特殊管理要求,则应以一种不会导致不成比例或不恰当成本的方式管理增值税。在不能同等适用税收规则的情况下,OECD 建议对免税情况保持高度透明。政府知道,为了确保竞争市场的公平性,他们的企业必须与同类私有企业面对相似的价格信号。因此,大多数公司制国有企业,都普遍被要求与其他企业承担相似的直接或间接税。相反,政府直接运作的非公司商业活动通常不需要缴纳间接税。在某些情况下,政府服务也由无须缴纳公司税的非营利组织提供。在大多数国家,对政府单位征收公司税,在法律上是不可能的,在实践中也是不可行的。考虑到政府对国有企业税收减免的条款往往比较隐蔽和间接,应采取以下措施来应对税收不中立问题。一是对公司制企业坚决执行非歧视原则;二是对于政府非公司商业活动,用补偿费代替缴税;三是调整政府服务价格,反映税负成本。要在实践中实现税收中立，可以采取前述方法的组合，而具体使用什么方法取决于每种方法的可行性。这些方法的成效取决于采取措施的成本、企业规模以及会计和检测体系的复杂性。

第六，监管中立。监管中立并非针对一般的商业环境，也涉及市场监管。就一般的商业环境而言，在大多数经合组织国家内，公司制的国有企业面临与私有企业相同或类似的监管待遇。如果国有企业根据公司章程或法定授权创建，或其商业活动与政府机构行为混在一起，那么法律可能会赋予其不符合竞争中立的某些监管豁免权。OECD认为如果是国有企业的法律形式导致监管豁免，则应按公司法组建国有企业，使其接受与私有企业相同的监管待遇。如果该方法不现实，则应使监管法规的适用范围延伸到国有企业，或让国有企业以自愿的方式接受监管。此外，还应定期评估政府监管市场的情况，特别是当国有企业或先入企业具有某些垄断权利时。就金融监管而言，此类监管须在不同所有制、体制、行业以及市场间都保持中立。必要时监管和非监管手段应同时使用，以抵消所有制属性带来的优势或劣势，竞争、贸易和投资主管部门均应在实施竞争中立上发挥作用。

第七，债务中立和直接补贴。大多数政策制定者已经认识到国有企业遵循金融市场约束的重要性，所以避免国有企业获得优惠融资是大家普遍接受的观点。欧盟及许多其他国家的竞争部门和监管机构，通过实施竞争法律来控制直接补贴和国家补助，并使国有企业按照市场条件获得资金。尽管取得了一定进步，但要想彻底实现公平竞争，债务中立仍然是亟待解决的重要方面。由于被认为存在政府支持，很多国有企业仍在从市场获取信贷上享有优待，并因此受益。OECD建议国有企业与私有企业在同等条件下融资，同时借鉴澳大利亚和欧盟成员国等国家的实践经验，融入债务中立调整机制。

第八，政府采购。公共采购政策及程序符合竞争中立的基本标准，能够确保竞争性和非歧视性，确保高标准的透明度，确保参与竞标的所有实体得到平等对待。然而，还可能出现其他问题，比如，长期存在的国有企业或内部供应商，其先入优势将严重妨碍竞争者进入市场。在某种程度上，这种优势可能被认为与传统的规模经济有关，理论上与竞争中立无太大关联，但如政府下定决心打造公平的竞争环境，就应该考虑这些因素。OECD建议普通的采购规则应对国有企业和其他公司一视同仁。国企作为采购方时，采购政策、程序以及选择标准应保持高度透明，在供应商选择上应确保公平公正。建议消除任何不平等的壁垒，确保遴选程序的公平性和非歧视性。如果确实存在差别对待的现象，应在选择标准中公开披露并提前与潜在竞标人充分沟通。此外，OECD还建议，应按照对待外部投标的方式对待内部投标，并且应在私营和公共供应商之间保持中立。

3.2.3　OECD版竞争中立提倡的实施机制

OECD认为，竞争中立的实施主要依靠两大机制：监督机制和执行机制。

首先，监督机制。监督机制应该涉及一系列改革议程，并根据监督的情况修改可能需要调整的领域，以确保改革的持续有效性。监督可以通过以下方式进行：第一，设立专门的监督机构，赋予其开展调查和发布监督报告的权力；第二，赋予相关政府部门及其负责人监督权，在其负责范围内报告并公布改革的进展；第三，通过国有企业本身，要求其向相关部门及社会公布改革进展情况；第四，通过发布定期报告，比如委托专家进行评估，审查改革的执行情况及其绩效。

其次，执行机制。执行机制是指要求政府及国有企业实施竞争中立的相关改革机制。虽然不同国家可能会建立不同的执行机制，但是基本要素应该是共通的。第一，立法机制：通过立法具体说明国有企业在和私营企业竞争时应该如何开展活动。第二，行政机制：要求国有企业履行竞争中立义务。第三，正式的投诉机制：建立正式投诉机构，在接受投诉的同时，负责调查被投诉的国有企业是否违反竞争中立义务，并有权采取救济措施。第四，充分利用各个国家已有的相应机制：很多国家已经建立要求政府部门及其所属企业遵从国家政策的合规机制，这些机制可以作为实施竞争中立制度的基础。

3.2.4 关于OECD版竞争中立的评价

OECD的研究报告基本建立在以下前提之上，即国有企业普遍具有开展限制竞争行为的动力和能力，相比私营企业具有显著的"竞争优势"，这种不正当的竞争优势需要借助"竞争中立"制度加以约束，以实现不同所有制企业之间的公平竞争。OECD的报告还普遍认为，大多数国家认为竞争中立是一套合理健全的政策规则，相当一部分国家愿意在其政策中考虑竞争中立框架。但是，与后文提及的美国推动建立的竞争中立相比，OECD的竞争中立要更加"温和"。

尽管OECD最初开展竞争中立研究主要是受美国的影响，但是其提出的竞争中立"最佳实践"或"指南"主要是基于澳大利亚的经验和架构。比如，OECD仍然建议通过成本—收益分析来确定是否实施竞争中立。OECD也明确提出，应该区分国有企业的商业活动和非商业活动，竞争中立只应对商业活动予以规制。当然，为了便于在国际上推广，OECD还是建议对澳大利亚的方案进行适当改造。比如，OECD特别强调了政府应该分离"市场监管"与"国企管理"的职能，确保监管中立。OECD还建议，有些国有企业必须执行公共政策，因此应该得到"适当补偿"。此外，OECD还承认，在国有企业的分类方面，"政治考虑有时会在国有企业的分类中起到关键作用"。换言之，竞争中立的实施不可避免地受到政治因素的制约。澳大利亚的竞争中立制度是国内的一项经济改革措施，仅限在其国域内实施。一项制度从用于国内到用于国外必然要经历一些变化，但即使做出一些改进也并不一定就可以在更宽领域内实施。因此，很多人认为，OECD提出的竞争中立实施建议有空洞之嫌，很难想象其可以适用于国际上其他国家。因为国际上国家间存在政治、经济发展水平的差异，仅仅有实施的主观意愿是不够的，最主要的还是应该有一套切实可行的实施步骤。很难在大多数国家实施的竞争中立制度，在国际化的过程中必然要面临许多波折，甚至可以说其国际化本身的逻辑基础在现实条件下可能都不充分。

总之，OECD所提倡的竞争中立制度是在肯定国有企业应当存在的基础上展开的制度构建，OECD只是希望能够建立一套制度对国有企业的不公平竞争行为予以制约。OECD也认可不同国家和地区根据自身情况设计竞争中立制度的合理性，其重点关注的是国有企业的限制竞争"行为"而不是国有企业这个"身份"本身。这是与美国版竞争中立最本质的区别。

3.3 欧盟版竞争中立

3.3.1 欧盟设立竞争中立的背景和演进

欧盟特殊的政治经济架构决定了其自身的特点，欧盟成员国通过《EC条约》让渡出部分国家主权，由欧盟组织统一调配。建立国有企业属于欧盟各成员国的主权权利，但是，欧盟统一市场的建立，使得部分国有企业扭曲市场竞争秩序的后果扩散至欧盟市场，从而成为欧盟统一市场建设的消解性力量。而欧洲统一大市场建设以来，促进区内竞争一直是欧洲区域一体化发展的重要目标之一[1]，因此，竞争中立政策在欧盟具有消除部分国有企业的非市场竞争优势、规范欧盟内统一、建立公平竞争秩序以及限制成员国主权权利的多重旨趣。与澳大利亚的政策引导、行政推进的模式不同，欧盟竞争中立政策的制度化、规范化程度更高，它将竞争中立的理念纳入欧盟的竞争法律体系之中，主要通过欧盟委员和欧盟法院适用活动来贯彻竞争中立的落实。欧盟建立了专门的竞争中立管制框架，这一框架不仅仅涉及国有企业的抑制竞争行为，还涉及识别机制，以及消除不当竞争优势的机制。

欧盟推行竞争中立的总体原则是：对公共部门和私营部门一视同仁，实行所有权中立，赋予国有企业与私营企业平等的市场竞争地位，在欧盟内部打造统一、平等、有效的竞争环境和竞争秩序。欧盟以此为创建欧盟统一市场的措施之一，旨在提升欧盟市场的竞争效率和活力，并提高消费者福利水平。

3.3.2 欧盟版竞争中立的概念及其相关准则

如上所述，欧盟的竞争中立政策体现在一系列与竞争相关的条约、指南、法律、法规中，如《EC条约》、透明度指南、普遍经济利益服务指南、反不正当竞争及兼并条款、竞争和政府采购法等。

《EC条约》第86条第1款规定："禁止成员国在涉及国有企业方面采取或保持任何违反欧盟竞争法的措施。"[2] 关于欧盟竞争法和

---

[1] 张琳、东艳：《主要发达经济体推进"竞争中立"原则的实践与比较》，《上海对外经贸大学学报》2015年第4期，第29页。
[2] The Treaty Establishing the European Community, Article 86 (1): "In the case of undertakings and undertakings to which Member States grant special or exclusive rights, Member States shall neither enact nor maintain in force any measure contrary to the rules contained in this Treaty…"

国有企业之间的关系问题,《EC 条约》第 90 条规定,虽然成员国可以授予国有企业一定的权利,但国有企业从事的任何经营行为必须在欧盟竞争法所允许的范围之内,除非国有企业被授权从事的行为属于欧盟整体经济利益的范畴。这就是所谓的"公共利益豁免条款"。欧共体法院在已经审理的几个与该条款有关的案件中,对该条款所做出的解释从目的上来看,均是防止成员国在实践中依赖这一豁免,违背竞争中立原则。[1]

欧盟关于竞争中立政策的规定主要体现在《EC 条约》第 106 条,该条明确规定:"国有企业与私营企业的经营活动均受欧盟条约中的竞争条款约束,除非适用该条款和条约与其他签订的特殊任务相冲突时,可以有例外情形。"该条约授权欧盟委员会处理成员国有企业的经济活动问题,包括监督权和处罚权。基于上述规定,欧盟委员会有权监督其成员国是否对本国国有企业适用竞争法。如果成员国的国有企业因接受政府扶持或受政府影响而违反了竞争法的相关规定,欧盟委员会有权向成员国政府下达停止继续实施此类措施的强制性指令。同时,欧盟委员会有权针对上述违反竞争法的国有企业做出停业整顿并罚款的决定。再有,成员国有义务向欧盟委员会报告其对国有企业的扶持措施,欧盟委员会应及时审查上述措施,并决定是否准予实施。

此外,《EC 条约》还赋予欧盟委员会另一项权利——"透明度审查"。该项权利是竞争中立能够顺利实施的重要保证,被广泛地适用于欧盟的能源、交通、邮政等领域。该项审查要求国有企业对其公共项目和商业行为承担独立的责任,如果国有企业只承担了部分非商业活动,则要求国有企业将商业活动与非商业活动进行明确区分,并分设不同的账户。这就是所谓的"防火墙制度"。

---

[1] 白艳:《美国反托拉斯法/欧盟竞争法平行论:理论与实践》,法律出版社,2010,第 56 页。

此外，竞争中立还体现在《EC 条约》第 107 条第 1 款中，该条款规定："欧盟成员国给予或者利用国家财源给予的援助，不论采用何种方式，凡优待某些企业或者某些生产部门，以致破坏竞争或者对竞争产生威胁，从而对成员国间的贸易产生不利影响时，应被视为与内部市场相抵触。"

在竞争中立适用方面，《EC 条约》赋予欧盟委员会相应的权利，第 86 条第 3 款规定："欧盟委员会应当确保该条规定的适用，并且应当在必要时向成员国发出适当的指令或者决定。"该条规定赋予了欧盟委员会对《EC 条约》的执行权，指明欧盟委员会可以处理公共部门经济活动中出现的问题。欧盟委员会、欧洲法院负责认定、处理违反竞争中立的行为。欧盟委员会可以做出决定，要求公司停止不当竞争行为。如果公共部门的企业违反竞争法的行为涉及政府的支持，或受到政府的影响，则欧盟委员会可以通过指示性意见或决定要求成员国政府和企业停止相应行为。

3.3.3 欧盟版竞争中立的实施机制

欧盟的竞争中立制度主要体现在"国家援助控制制度"之中。

第一，三种类型的国家援助。由于国有企业的竞争优势主要来源于政府的各种"援助"或"补贴"，《欧盟运行条约》第 107 条将欧盟层面的国家援助分为"与共同体市场相抵触的国家援助"、"可能与共同体市场相抵触的国家援助"和"与共同体市场相协调的国家援助"三大类。对于与共同体市场相抵触的国家援助一律禁止，对于可能与共同体市场相抵触的国家援助则需由欧盟理事会或欧盟委员会来认定是否可以享受豁免，对于与共同体市场相协调的国家援助则直接予以放行。

第二，专门的实施机构。

首先，欧盟委员会竞争总司国家援助部负责审查国家援助的申报案件，并实施调查和做出处罚决定。竞争总司由三个副司级业务部门构成，分别为合并控制部、反托拉斯部和国家援助部。其中国家援助部由两个处组成：一个处主要负责国家援助的审查和执行，另一个处主要负责国家援助的受理、档案管理和技术支持等。

其次，欧盟法院具有司法审查权。在组织体系上，欧盟法院主要包括欧洲法院和初审法院。其中，初审法院负责初审欧盟国家案件，欧洲法院负责审查综合法院的上诉案件，欧盟机构决定的撤销案件以及欧盟委员会不作为、成员国不履行义务的案件。国家援助案件由数名法官组成的合议庭来审理，合议庭一般有3名或5名法官，由其中的一名撰写判决书，由另一名法律总顾问提供审理意见；只有极少数案件由13名法官组成的大法庭审理。两法院不具备执行判决的能力，但是它们的生效判决具有最高法律效力，欧盟及成员国各机构、团体应当依法执行。因此，欧盟法院能够对欧盟委员会的工作进行监督，不仅拥有条约的最终解释权，有权判定成员国政府是否违背了条约义务，判断欧盟行政机关是否行政不作为，还可以撤销欧盟任何行政机关做出的一切裁决、规定。

再次，成员国法院的职能。成员国法院在下列情况下可以受理国家援助案件：①受援人认为它获得的优惠不构成国家援助，因此无须通过成员国政府向欧盟委员会申报；②当欧盟委员会做出不予批准援助的决定，实施的援助被判收回时，受援人可以申请不予执行；③受援人的竞争者或利益相关人可以申请援助违法，或针对欧盟委员会批准援助的决定申请无效判决，从而阻止政府实施援助。

第三，国家援助规则的实施程序。

首先，事先申报。在欧盟的国家援助控制制度下，任何欧盟成员国为企业提供新的国家援助或对现有的援助措施进行更改，都必须事先向欧盟委员会进行申报。在欧盟委员会做出最终认定之前，成员国不得实施国家援助行为，否则将被认定为非法行为。

其次，事中审查。在收到申报后，欧盟委员会要对国家援助开展审查。对于已经存在的国家援助，欧盟委员会也可以主动展开调查。欧盟委员会会先进行初步审查。初步审查的时间大约为20个工作日，最长不得超过两个月。初步审查的结果通常有三类：一是认为某项措施不构成援助，则委员会直接做出决定，认定该措施不是国家援助；二是认为某项措施虽构成国家援助，但可以属于国家援助的豁免例外情况，则欧盟委员会应当做出通过的决定，但应当指明该项措施具体适用《欧盟运行条约》第107条中的哪项豁免；三是认为某项措施违法，则应启动正式调查程序。进入正式审查程序之后，委员会应当在18个月内做出处理决定，但是在特殊情况下，或者成员国没有及时提供信息的情况下，审查期限可能无限延长，甚至有些案例达到了33个月之久。

再次，事后救济。欧盟委员会有权根据《欧盟运行条约》直接处理涉及成员国企业的经济问题。在做出附条件批准援助或者不予批准援助的决定之后，欧盟委员会可以视情况要求成员国政府修改、停止或收回援助，并监督执行。如果成员国的国有企业违反了竞争法的相关规定，欧盟委员会可以做出决定要求企业停止相关措施，并且可以对其进行相应罚款。如果该成员国的国有企业是因接受政府扶持或受到政府影响违反竞争法的规定（比如政府要求企业设定倾销性价格），欧盟委员会可以直接对其成员国的政府下达停止此类措施的强制性决定。

从次，司法审查。授予援助的成员国、授予援助的成员国的机构、接受国家援助的受益企业、利益受到国家援助影响的竞争企业以及援助所针对的行业协会均可提起诉讼，但是必须在欧盟委员会决议公布之日起两个月之内提起诉讼。成员国是有特权的原告，自然具有诉讼资格。至于其他实体，《欧盟运行条约》第263条第4款规定："任何自然人或法人在本条第1款和第2款的条件下，可以对针对该人的或与之有直接和个别关系的行为，或对与之有直接关系且不需要实施细则的规制行为提起诉讼。"

最后，欧盟委员会还通过强化国有企业公司治理的方式确保国有企业的公平竞争。比如，欧盟委员会要求国有企业对其公共项目和商业行为承担独立的责任。对于那些承担了部分非商业活动的国有企业来说，该措施要求设立不同的账户以区分其预算如何在商业活动与非商业活动中进行。该措施被广泛地适用于欧盟的各个领域，例如能源、交通、邮政等。

3.3.4 关于欧盟版竞争中立的评价

欧盟的竞争中立制度及其他竞争政策取得了显著的成效。2009年以来，欧盟积极参与OECD竞争中立制度的推进，并与美国携手推进竞争中立，促进高标准贸易投资规则的构建。2012年4月，欧盟和美国发布《欧盟与美国就国际投资共同原则的声明》。声明规定的7项原则中包括"创造公平竞争的环境，推动竞争中立"。在双边或多边贸易投资协定，如TTIP等未来协定谈判中，预计欧盟将推行竞争中立，并将推动竞争中立作为未来国际经济领域的共识性规则。欧盟建立竞争中立制度的最初目的是在欧盟内部建立市场竞争秩序，随着其相关规则的完善，欧盟越来越认识到竞争中立制度在国际贸易中的价值，为了提高欧盟国家企业在国际上的竞争力，欧盟开始在国际上推行竞争中立的相关规则。

欧盟的竞争中立制度有一个比较明显的特点，那就是竞争中立制度与竞争法之间联系紧密，且法律监管机构相对集中，以欧盟委员会、欧盟法院为主，各成员国的政策灵活性小。欧盟的竞争中立制度为在欧盟内参与市场竞争的企业提供了公平的竞争环境，这是实施欧盟统一内部市场政策的重要环节。竞争中立制度不仅促进了欧盟内部竞争，也有助于欧洲产业在全球保持竞争力。欧盟的经验主要在于如何在双边、区域甚至全球层面更好地推行、实施竞争中立制度。我们在借鉴欧盟实践经验的过程中，需要注意其竞争中立制度实施背后的经济、制度及市场结构条件。欧盟是一个高度统一的经济体，各国间具有紧密的经济利益关系、欧盟条约的法律保障，以及欧盟委员会的制度保障等，其他一些区域一体化协定还无法达到欧盟的合作程度。

3.4 美国版竞争中立

3.4.1 美国版竞争中立的时代背景

首先，全球化。如果说"社会结构是人类关系的珊瑚礁"[1]，那么全球化无疑是当代最为宏观的社会结构。"全球化会逐渐呈现一个自相矛盾的论点：全球化是历史上最进步的力量，但21世纪最严重的危机将因为全球化的成功而出现。除非我们能够控管这些威胁，否则全球化真的很可能促成它本身的衰败。"[2] 全球化一般来自以下几个方面。

（1）政治方面。以柏林墙被推倒为标志的冷战结束以后，影响世界的基本政治结构被打破，对世界市场进行人为分隔的"铁幕"被扯下，和平与发展成为时代的主题。冷战思维、意识形态建构、制度安排等逐渐淡出历史舞台，与之相应的资源配置被打破、重组。

（2）技术方面。冷战时期被配置于军事对抗的技术研发力量，在和平与发展的时代主题下，寻求到更为广阔的发展空间。网络通信技术、交通技术等科技研发力量大规模转向民用领域，为全球化

---

[1] 〔美〕伊曼纽尔·沃勒斯坦：《现代世界体系》（第一卷），高等教育出版社，1998，第1页。

[2] Ian Goldin, *Divided Nations: Why Global Governance is Failing, and What We Can Do About It*, Oxford University Press, 2011, p.6.

的深化奠定了坚实的基础。

（3）制度方面。横亘于世界市场上的政治、意识形态对抗的藩篱渐趋消弭，网络、交通技术的突飞猛进极大地增加了人员、货物、资金、概念等的跨国流动与传播。跨国性的国际经贸往来，遭遇了建立在国家主权基础之上的传统的单边管辖体系的阻碍。国与国之间通过双边、多边的谈判、合作，消除、降低国际贸易与投资的壁垒，成为国际经济新秩序建构的主要方式。历史上规模最大的多边贸易谈判（关税与贸易总协定乌拉圭回合谈判）以及作为其伟大成果的世界贸易组织的建立，无疑是这一领域的成功尝试。

（4）经济方面。随着苏联解体、东欧剧变，传统社会主义国家及实行"计划经济"制度的国家纷纷掀起"市场导向"的国内经济体制变革。这场变革解放了人们的思想，释放了长期以来为"计划经济"体制所控制的劳动力、资金、生产力、消费力，提高了各国人民的物质文化生活水平，实现了市场的极大扩容。

以技术进步和各国之间国际贸易、投资壁垒的消减为路径和特征的全球化，使生产和消费结构在全世界范围内得到优化。产品、服务的生产在制度的作用之下，被分解为越来越精细的环节，并在世界范围内进行最有效率的布局。各国依靠其比较优势，形成了世界产业链上的定位。其中中国等新兴市场国家在全球化的过程中表现得十分抢眼，中国凭借密集的劳动力、广阔的国内市场、后发优势等取得了举世瞩目的成绩。这几年中国稳居世界第一贸易大国、第二大经济体的地位，2014年中国首次超过美国成为全球最大的FDI目的国。中国巨大的市场潜力、强大的产业配套能力以及良好的基础设施水平将继续带动市场及战略资源导向型外资流向中国。[1]2014年，中国内地对外投资增长15%，达到1160亿美元，仅次于

---

[1] 詹晓宁：《全球外国直接投资形势及国际投资体制改革》，《国际经济合作》2015年第7期，第17~18页。

美国和中国香港,居全球第三位。如果将内地在港企业的对外投资以及第三地融资再投资也包括进来,中国对外投资已超过吸引外资总额,成为资本的净输出国。

同时,中国的"一带一路"倡议正在稳步推进,这将为中国资本走向世界更广阔的舞台注入新的动力。2014 年的数据显示,中国对共建"一带一路"国家的投资保持快速增长。例如,中国对转型经济体的投资从 2013 年的 7 亿多美元大幅增长到 2014 年的 83 亿美元,成为其最大的外资来源国。

经济全球化带来的世界范围内贸易、投资自由化的势头,使全球范围的经济变得景气。经济全球化的快速发展及对其乐观预期,使美国采取一种宽松的货币政策。美国的宏观经济政策反过来又刺激了美国国内乃至国际市场的非理性扩张,这就为一场深刻危机的爆发埋下了伏笔。次级贷款不能如期支付的系统性风险引发了一场席卷美国,进而蔓延到全球的金融、经济危机。大洋彼岸的欧债危机也接踵而至。残酷的现实使人们开始正视并严肃检讨全球化的负面效果。危机发生以后,欧美等市场经济发达国家的经济遭遇重挫。以中国为代表的新兴市场国家,虽然也受到不同程度的冲击,但是依靠强大的自我调节能力,无可置疑地成为推动世界经济发展的引擎。

其次,再全球化。① 全球化使国际力量对比发生深刻变化,新兴市场国家和一大批发展中国家快速发展,国际影响力不断增强,是"近代以来国际力量对比中最具革命性的变化"②。这种结构性变

---

① "再全球化"的概念由中国社会科学院世界经济与政治研究所研究员张宇燕提出。参见张宇燕《再全球化浪潮正在涌来》,《世界经济与政治》2012 年第 1 期,第 1 页;张宇燕《再全球化:中国的机遇与挑战》,《东方早报》2013 年 1 月 8 日,第 A14 版。
② 《推动全球治理体制更加公正合理——习近平在中共中央政治局第二十七次集体学习时的讲话》,《新华每日电讯》,2015 年 10 月 14 日,http://news.xinhuanet.com/mrdx/2015-10/14/c_134711871.htm,最后访问日期:2015 年 11 月 23 日。

化被学者描述为:"世界经贸格局随着新兴市场国家的崛起与传统发达国家的相对下降而发生着深刻的变化,原有的以美欧为主导的国际经贸秩序受到了巨大的挑战。美国作为传统的国际经贸规则的主导者,在推进新一代经贸规则,如国有企业、知识产权、劳工标准、环境标准等方面受到了前所未有的阻滞。多哈回合就曾因以美国为首的发达国家与发展中国家对规则制定过程中的分歧陷入瘫痪,几近停摆。与此同时,以新兴国家为代表的发展中经济体积极参与全球治理,通过 G20 等多边机制发挥作用,推进全球治理规则的新一轮改革,更为美欧等国增添了压力。"[1]

2008 年的国际金融危机和此后的欧债危机使得上述对比更为明显,为应对上述情况欧美各国纷纷采取应对之策,以帮助本国经济走出低迷。在美国,奥巴马政府提出重塑其竞争优势的"再工业化"战略。从 2009 年到 2012 年,奥巴马政府先后推出了"购买美国货"、《制造业促进法案》、"五年出口倍增计划"、"内保就业促进倡议"等多项政策和法案,帮助美国制造业复兴。[2] 作为其国内举措的一揽子方案,美国在国际上推行"全球再平衡"战略,或者如国内学者所说的"再全球化"战略。美国认为,由于中国等新兴市场国家的和平崛起,传统上由其主导的国际经济秩序出现了"失衡"。因为,"全球化曾一度被视为美国化。这个超级大国及其消费者群体曾经是全球化最大的受益者。中国的崛起改变了这一局面。虽然美国的文化影响力仍在加大,也仍在统治着金融世界,但是近几十年来全球化已经不能再等同于美国化了"。[3] 所以,"全球再平

---

[1] 李晓玉:《"竞争中立"规则的新发展及对中国的影响》,《国际问题研究》2014 年第 2 期。

[2] 孟祺:《美国再工业化对中美贸易的影响及对策》,《中央财经大学学报》2014 年第 2 期,第 90 页。

[3] 《全球化的"再美国化"》,参考消息网,2014 年 10 月 30 日,http://news.163.com/14/1030/11/A9Q4R8B300014AEE.html,最后访问日期:2015 年 10 月 7 日。

衡"成为美国在国际上重点推行的战略。其实，不管是其国内的"再工业化"战略，还是国际上的"全球再平衡"战略，本质上都是"再美国化"的问题。"再全球化"的主要思路是，以赫克曼所谓的"深度一体化"为目标[①]，利用 BIT、FTA、TPP、TTIP 等平台，以规则一致、国有企业或者竞争中立、电子商务、竞争和供应链、中小企业以及劳工、环境政策等议题为支点，重构国际贸易投资规则体系。以此提高新兴市场国家的出口成本，消解其国内政治经济体制；巩固美国在全球产业链当中的地位，维持其在国际贸易投资规则体系中的主导地位和话语权。

3.4.2 美国版竞争中立的最新发展——TPP

2009 年 11 月 14 日，美国总统奥巴马在其亚洲之行中正式宣布美国将参与 TPP 谈判，强调将以此促进美国的就业和经济繁荣，为设定 21 世纪贸易协定标准做出重要贡献，要建立一个高标准、体现创新思想、涵盖多领域和范围的亚太地区一体化合作协定。与此同时，秘鲁、越南和澳大利亚也宣布加入 TPP 谈判，TPP 谈判由此实现了由"P4"向"P8"的转变，并呈现亚太地区参与国家进一步增多的趋势。

美国是在缺乏国内法律实践的情况下推行竞争中立的"国际版"，试图为其对新兴市场国家采取的遏制政策提供合法性依据。TPP 不但是美国主导新一代贸易投资规则的切入点和平台，也是其"国际造法"的重要一步。由于国际社会处于"无政府状态"，国家间契约是"国际造法"的主要途径。但国家间契约的内容不是凭空

[①] Bernard Hoekman, "Free Trade and Deep Integration: Antidumping and Antitrust in Regional Agreement," *World Bank Policy Research Working Paper*, No. 1950, 1998, pp. 3 - 4, http://papers.ssrn.com/sol3/papers.cfm? abstract_id = 620528，最后访问日期：2015 年 12 月 2 日。

出现的，而是依赖于对以往国际习惯、既有立法的传承和继受。这就会形成"路径依赖"。美国通过几个国家和地区的内部实践——OECD等国际组织的研究报告——其所签署的BIT、FTA——TPP，一步一步落实着从国内法到国际法，从非正式规则到正式规则的演进路径。近年来，由于WTO多边谈判进展迟滞，无法跟上美国的步调，美国寻求通过"以区域促全球""以双边促多边"的途径，以外围突破的方式迫使WTO向TPP设置的高标准靠拢。TPP被称为"经济北约""Mini-WTO"，但其所管辖的范围和设置的标准已经远远超过了WTO的规定。

美国自加入TPP谈判以来，不断抛出其所主张的新一代贸易投资规则的议题，试探各方反应。2011年10月，在秘鲁举行的TPP第九轮的谈判中，美国提议应限制政府对国有企业的扶持，避免国有企业借助政府的补贴和特惠待遇，在与私营企业的竞争中获得优势。[①] 至此才确定了规则一致、国有企业（竞争中立）、电子商务、竞争和供应链、中小企业五大议题作为TPP谈判需要解决的横向议题。[②] 2013年5月，TPP谈判方在秘鲁利马展开第十七轮谈判，此前对美国提案存在异议的澳大利亚和马来西亚并没有提出新的提案，或者虽然提出但并没有对美国提案进行实质改变，所以，TPP关于竞争中立规则的谈判是围绕着美国提案进行的。现在通过比较TPP第十七章"国有企业和指定垄断"的条文和美国提案的内容，不难看出二者如出一辙。因此，可以说TPP是美国竞争中立政策的具体落实和体现。

3.4.2.1 TPP竞争中立的适用范围——国有企业和指定垄断

首先，关于国有企业认定的司法实践。

---

① "TPP九国贸易谈判于秘鲁举行"，http://msn.finance.sina.com.cn/gdxw/20111026/1527379389.html，最后访问日期：2015年8月20日。
② State New Service, "The Trans-Pacific Partnership Trade Minister Report to Leaders," November 12, 2011.

竞争中立适用的范围不限于但主要是国有企业,所以国有企业的界定及界定标准成了国际贸易投资司法实践领域的一个焦点和争议点。国际法对国有企业概念的进路在于国有企业和国家机构/公共机构的区别,各方对于二者的区分标准存在很大争议,也因此形成了不同的表述和主张。比如,ICSID 的"活动本质标准"、WTO 的"政府职能标准"、《联合国国家及其财产管辖豁免公约》的"独立法人标准"等。

2010 年,中国就美国对中国某些产品采取的"双反"措施向 WTO 提起争端解决请求[①],中美双方的争议焦点之一便是中国国有企业和国有商业银行是否为《补贴与反补贴措施协定》(又称《SCM 协定》)第 1.1(a)(1)条所指的"公共机构"。[②]根据美国现行反补贴法,存在"当局"(authority)提供"财政资助"的情况时,可能构成补贴,此处的"当局"则包括一国的政府或在该国领土内的任何公共实体[③]。绝大多数情况下,中国的国有企业都被认定为此处所指的"当局"。据此,中国企业从国有企业处购买的原材料、从国有商业银行处获得的商业贷款等都被认定为美国法下的补贴,从而招致苛刻的反补贴措施。

自 2006 年 11 月起,美国发起对中国进口铜版纸的"双反"调查,即反倾销和反补贴合并调查,一系列出口自中国的产品频繁地遭受"双反"调查和"双反"措施。2007 年 7~8 月,美国商务部先后对原产于中国的环形焊缝钢管、矩形钢管、复合编织袋和非公路用轮胎等四类产品发起"双反"调查,并随后做出征收反倾销税和反补贴税的裁定。2008 年 9 月 19 日,中国政府对美国上述"双

---

① United States-China Definitive Anti-Dumping and Countervailing Duties on Certain Products from China, WT/DS379.
② United States-China Definitive Anti-Dumping and Countervailing Duties on Certain Products from China, WT/DS379/R, WT/DS379/AB/R.
③ U. S. C. Section 1677 (5) (B).

反"措施启动 WTO 争端解决机制，正式发起对美国的磋商。在磋商无果的情况下，WTO 争端解决实体（DSB）设立了专家组。在专家组报告公布后，中方对专家组的相关裁决表示不满，向 DSB 提起了上诉。

专家组认为：①"公共机构"包括但不限于中国所说的"由法律授权的实体"，并且进一步指出，在实践中，各国没有统一的"公共机构"的概念，有的可以包括政府拥有或控制的公司；②《SCM 协定》第 1.1（a）（1）条的"公共机构"一词是指为政府控制的任何实体，并据此裁定国有企业和国有商业银行属于《SCM 协定》第 1.1（a）（1）条所指的"公共机构"。

在上诉阶段，上诉机构推翻了专家组关于"公共机构"的"政府控制"界定标准，而采取了"政府职能"标准，将"公共机构"界定为"被赋予或履行政府职能的实体"。上诉机构阐述了如下理由。

（1）《SCM 协定》第 1.1 条将"政府"和"公共机构"并列的文法结构表明这两者有共同点。

（2）"加拿大奶制品案"中上诉机构的裁决表明"政府"和"公共机构"的共同点在于，通过行使合法权力来管理、限制或控制个体的行为。

（3）《SCM 协定》也规定私营机构接受公共机构的委托或指示而履行特定政府职能就会被认定为存在财政资助，这就要求公共机构以拥有政府职能为前提，否则委托或指示就无从谈起。

（4）《国家责任条款草案》可以构成《维也纳条约法公约》第 31（3）（c）条所规定之国际法有关规则，且《国家责任条款草案》与《SCM 协定》不是一般法与特殊法的关系，该草案不是关于适用法的争议，而是关于规则解释的争议。①

---

① WT/DS379/AB/R, pp. 307－317.

上诉机构总结道：获得政府授权是"公共机构"的核心特征，而国家所有并不是决定性标准，仅作为证据和其他要素一同考察是否构成政府授权。[①] 据此，上诉机构裁定美国商务部仅根据"政府所有权"标准认定中国国有企业为公共机构的做法违反了《SCM 协定》。但是，对中国国有商业银行，上诉机构却做了不同的裁定，裁定其构成公共机构，因为美国商务部在"双反"调查中出示了包括所有权在内的六方面事实证据：①中国银行业几乎全部由国家所有；②根据《中华人民共和国商业银行法》第 34 条，中国国有商业银行具有政府职能[②]；③中国商业银行缺少足够的风险管理和分析能力；④中国企业在原始调查中配合有限，美国商务部缺少足够的事实证据；⑤在非公路用轮胎案中，存在中国地方政府监管银行的不利证据；⑥不利于中国的国际货币基金组织研究文献。

由该案可以看出，专家组对国有企业与公共机构之间的认定主要采取"政府控制标准"，它实际上是一种"组织标准"；上诉机构采取"政府职能标准"，它实际上是一种"行为标准"。但上诉机构又强调，如果证据表明出口国政府对某实体从事了"有意义的控制"，则该实体有可能拥有政府职权、履行政府职能[③]，这实际上又是向"组织标准"的靠拢。

其次，《北美自由贸易协定》（NAFTA）和 TPP 中的国有企业条款。

在 FTA 或者区域贸易安排（RTA）中专条（或专章）规定国有企业的认定规则，已经成为国际贸易投资规则文本结构和内容上的显著变化。在美国、加拿大和墨西哥签署的《北美自由贸易协定》

---

① 张正怡：《中美双反措施争端案评析》，《世界贸易组织动态与研究》2011 年第 4 期，第 46 页。
② 《中华人民共和国商业银行法》第 34 条规定："商业银行根据国民经济和社会发展的需要，在国家产业政策指导下开展贷款业务。"
③ WT/DS379/AB/R, p. 346.

中，在竞争政策、垄断实体和国有企业章就纳入了国有企业条款。在这一协定中，国有企业被定义为缔约方所有或通过所有权益控制的企业。有关国有企业的核心内容是：协定的任何规定都不得阻止缔约方设立或维持国有企业；如果国有企业行使政府职权，则该类国有企业的行为不得违反协定规定的缔约方义务；缔约方保证其国有企业在销售商品或服务时，对来自其他缔约方的投资（企业）给予非歧视性待遇。《北美自由贸易协定》中的国有企业规则，在很长的时期内，成为美国签署相同内容的范本。TPP 将国有企业和指定垄断从竞争章中独立出来，单独成章，既从结构上体现了对国有企业规则的重视，也从内容上强化了国有企业方面的纪律。从内容上看，TPP 国有企业规则继承并突破了以往自由贸易协定所含的国有企业规则。TPP 国有企业规则的重大变化是，从之前关注国有企业的竞争中立，到现在关注政府非商业援助的影响。因此，这是一个将传统国有企业内容和传统补贴内容结合的一章，创设了全新的权利和义务。

与此相联系，TPP 中的国有企业定义发生了很大的变化。国有企业指主要从事商业活动的企业，且要满足下述三种条件之一：①政府直接拥有 50% 以上的股本（股权）；②政府通过所有权益行使 50% 以上的投票权（投票权）；③政府拥有任命董事会或其他类似管理机构大多数成员的权力（任命权）。

国有企业专指从事商业活动的国有企业，与该章设立的非商业援助救济制度紧密相关且相互配合，体现了国有企业规则重心的转移。同时，通过股权、投票权和任命权三种形式，明确了企业与政府的关系。

3.4.2.2 TPP 竞争中立的行为规则——非歧视性待遇和商业考虑、非商业援助、透明度

首先，非歧视性待遇和商业考虑。

非歧视性待遇是指国民待遇和最惠国待遇，此前已经介绍，于此不赘。但是需要说明的有两点。第一，非歧视性待遇主要是国际公约施加于国家的义务，而TPP第17.4条第1款（b）、第2款（b）却将本来由国家承担的义务主体设定为国有企业和指定垄断。其用意在于强化国有企业的"国家"色彩，以公共机构或者市场管理者身份视之。第二，从条款行文上来看，该条第1款（b）、（c）使用的是"在购买货物和服务时"、"在销售货物或服务时"，该条第2款（b）、（c）使用的是"在购买垄断货物或服务时"、"在销售专营货物或服务时"。这表明，上述非歧视性待遇控制的行为是国有企业和指定垄断的"贸易"行为，而不包括"投资"行为。这一解释也可从关于第17.4条第1款（c）（ii）项的注释2中得到佐证，即第17.4条（非歧视性待遇和商业考虑）不得适用于国有企业购买或销售股份、股票或其他形式的权益，作为对另一企业的权益参与方式。

商业考虑是此前多个竞争中立的文本都有的内容。但是，我们应该清楚，商业考虑或者商业行为、在商业基础上运行等表述背后存在着一套完整的制度、文化建构，它包含"国家—社会"二元结构、社会契约、限制国家理论、商法自治、个体自由、权利框架等内容。

其次，非商业援助。

TPP国有企业规则的根本性变革是创造了非商业援助制度。这一制度，有效排除了认定国有企业提供补贴、采取救济措施的困难，成为专门针对从事商业活动的国有企业的一种制度。根据TPP，"非商业援助"指根据政府对国有企业的所有权或控制对国有企业提供的援助，包括政府或国有企业对国有企业提供的援助，该援助限于国有企业并主要由国有企业使用，国有企业获得的数额巨大，且通过裁量权偏袒国有企业。如前文分析，按照世界贸易组织上诉机构的解释，只有国有企业行使政府职责时，才有将其行为定性为补贴的可能。在这里，公共机构认定问题、利益认定问题、专向性认定问题，都无须单独考虑了。

一旦进入上述非商业援助的范畴，国有企业的生产、出口或投资都将受到限制。TPP国有企业规则的非商业援助制度确立了缔约方的三重义务：第一，缔约方本身不得通过直接或间接对国有企业提供非商业援助，对其他缔约方的利益造成不利影响；第二，缔约方应确保不通过对国有企业提供非商业援助，对其他缔约方利益造成不利影响；第三，缔约方不得通过对在另一缔约方境内的国有企业投资提供非商业援助，损害其他缔约方的国内产业。此处使用的"不利影响"和"国内产业损害"概念，正是《补贴与反补贴措施协定》第5条和第15条意义上的"不利影响"和"国内产业损害"，虽移植了相关规定，但适用范围更广，既包括货物贸易，也包括服务贸易，还包括国际投资。而在现有世贸规则中，《补贴与反补贴措施协定》仅规范货物贸易，《服务贸易总协定》也无服务补贴的相关规定。"不利影响"指两种影响——替代影响和价格影响，对货物和服务都适用。

"国内产业损害"，指对国内产业的实质损害、对国内产业的实质损害威胁或对建立国内产业的实质阻碍。可主要从下述三个方面来分析：接受援助的国有企业投资的生产量、该生产对国内产业生产和销售的同类货物的价格影响，以及该生产对生产同类产品的国内产业的影响。对生产量的评估，要考虑其绝对变化和相对变化对价格的影响，以及与国内产业生产和销售的同类货物价格相比是否存在重大削价，或在重大程度上抑制价格或阻止价格上涨。对国内产业的影响，则考虑与产业状况有联系的所有经济因素和指数，包括产出、销售、市场份额、利润、生产率、投资收益、产能利用等的实际或潜在的下降，影响国内价格的因素，对现金流、库存、就业、工资、筹资能力等的消极影响。只要证明非商业援助是国内产业损害的原因，二者之间的因果关系即存在。

上述规定几乎是《补贴与反补贴措施协定》第15条相关条款的全面移植。由此可以看出国有企业规则与补贴、反补贴规则间的密切关系。虽然从篇章结构上看，TPP无独立章节调整补贴措施，但实质上是通过国有企业规则纳入了补贴纪律，且更有针对性。

最后，透明度。

由于存在信息不对称（信息偏在）的现象，在市场当中信息分布是不均衡的，作为被规制一方的国有企业享有信息优势，如果不掌握其相关信息，法律的规制制度和主管机构的规制行为都难以落实。所以，一定形式、种类、数量的信息共享机制是实现法律规制目标、落实规制执法活动的前提，就国内法而言，民法当中的"诚信原则""欺诈规范"，保险法当中的"最大诚信原则"，证券法当中的"信息披露制度""内幕交易制度"等都是对信息共享机制的规定。透明度制度通过向被规制主体施加公开相关信息的义务，达致落实规制目标的目的。但是，信息不但可以作为市场规制的前提，也具有商品、资源、权利的属性。如果规定不合理可能存在加重企业负担、侵害企业利益、违背监管中立、造成身份歧视的危险。TPP的透明度要求如果和关于国有企业认定的组织性标准相结合就存在上述危险情形。

3.4.2.3 例外条款：一般例外及国别例外

总体来讲，TPP国有企业章创设了三类义务，分别关于非歧视性待遇和商业考虑、非商业援助、透明度。在规定这些义务的同时，该章还规定了这些义务的例外情形。性质上，这些例外情形可以分为一般例外和国别例外。

非歧视性待遇和商业考虑及非商业援助规则方面的义务包括：不阻止缔约方在出现国内或全球经济紧急情况时临时采取应对措

施；不适用于政府应对国内或全球经济紧急情况时对国有企业采取的临时应对措施；不适用于行使政府职责的国有企业提供的支持进出口或支持私人境外投资的合乎条件的金融服务。上述三类义务，均不适用于连续三年商业活动年收入不超过按其附件公式计算的一定数额的国有企业。

除一般例外之外，TPP国有企业规则允许各缔约方列出自己的国别例外，不履行相关义务，实际上是缔约方对国有企业不符合要求的活动免于承担责任。国别例外清单列出相关义务，指明相关国有企业不符合要求的活动及措施。对于这些国有企业及领域，缔约方可以不履行国有企业规则设定的义务。这称为义务的国别例外。例如，加拿大列出了加拿大抵押与住房公司、加拿大住房信托公司，以及履行类似职责、实现此类目标的新设企业、重组企业或受让企业。美国列出了房地美公司及履行类似职能、实现类似目标的新设、重组或受让公司。新加坡规定，其主权财富基金，不适用非歧视性待遇和商业考虑规则。此外，相关义务对非中央政府的次级政府拥有或控制的国有企业不适用。可以看出，通过这种国别例外，TPP国有企业规则创设的义务被限缩，满足了各缔约方的要求。

3.4.3 对于美国版竞争中立的评价

美国产业界和政界的长期呼吁，是美国试图在TPP中纳入竞争中立的诱因之一。美国曾一度提出了相比于澳大利亚和OECD的建议标准都更高的竞争中立制度。比如，在国有企业的界定方面，美国服务业联合协会和美国商会发布的报告称，只要一个企业或者企业的附属企业及关联企业的多数股份被政府所持有，在法律上或事实上被控制，被政府授予排他性的权利，被赋予特殊的法律或监管优势，或受国家政策影响而从事特定行为的，都应被视为国有企业。

在TPP的第十二轮谈判中，美国更是提出，国有企业控股达到

20%的企业，也适用国有企业竞争中立条款，同时要承担比私营企业更高的信息披露责任。美国试图将所有与政府相关或受政府影响的企业都纳入竞争中立调整范围，而非仅仅针对传统意义上政府享有控制权的企业。

在竞争中立制度的实施机制方面，美国也提出了相比于澳大利亚和OECD更加激进的主张。这在TPP中已经做到了，TPP竞争中立制度的实施并没有要求进行成本—收益分析，即只要国有企业或指定垄断存在违反竞争中立制度的情况就可以通过竞争中立机制予以消除，不会因为实施竞争中立可能产生的收益小于实施本身的成本就放弃实施竞争中立。

可见，在美国看来，澳大利亚版和OECD版竞争中立都属于"旧版"竞争中立，美国意欲建立的是能够对所有政府支持的垄断形式予以打击的"新版"竞争中立。新版竞争中立的短期目标是建立一套竞争中立体系约束政府支持下的垄断企业的竞争行为，长期目标则是在尽可能多的领域禁止国有企业进入，并最终消除国有企业。

TPP涉及的国家的经济发展水平的差异不可谓不大，基于经济发展水平的差异，TPP竞争中立的相关内容设计也是受到限制的。虽然美国占据主导地位，但是要想最后达成统一，国家（无论大小）之间还是要做出一定妥协。新加坡、马来西亚、智利和越南等国在TPP谈判的过程中都对竞争中立制度发表过不同于美国的观点，甚至有的还直接表示过反对。正因为如此，我们发现，最终达成的协议在竞争中立问题上做出了诸多"例外"规定，在很大程度上削减了TPP有可能对国有经济和国有企业产生的重大影响。值得注意的是，很多例外规定恰恰是针对美国自己的。在美国国内，也并非所有人都认为需要在TPP和TTIP等区域贸易协定中加入竞争中立条款。美国国内也存在国有企业，如美国联邦国民抵押联合会和美国邮政署等。这些企业由政府所有、管理并参与市场竞争。尽管数量不多，但是却具有较强的影响力，能够影响政府决策。与大多数贸易谈判一样，美国不会全然不顾国内国有企业的利益，在竞争中立的制度设计上，会考虑平衡进攻性利益和防守性利益。

尽管如此，TPP 的竞争中立章仍然是目前国际上标准最高、影响范围最广的国际竞争中立制度。而且，还要注意到，它是一个"活协议"，存在进一步改进的巨大空间。比如，根据规定，TPP 生效后 5 年内，缔约方应举行进一步谈判，以依照附件 17-C 扩大竞争中立制度的适用范围。TPP 附件 17-C 规定，协定生效后 5 年内，各缔约方应开展进一步谈判以扩大下列各项的适用范围：①将竞争中立章规则的适用范围扩展至"次中央政府"拥有或控制的国有企业和指定垄断，此类活动已列入各缔约方的附件 17-D 减让表中；②扩大第 17.6 条（非商业援助）和第 17.7 条（不利影响）的影响范围，以消除通过国有企业提供服务对非缔约方市场产生的影响。再比如，根据规定，国有企业和指定垄断的适用门槛金额每 3 年调整一次。这些都体现出了 TPP 竞争中立制度的前瞻性。可以预见，TPP 竞争中立制度在将来只会更加"严格"，而不会降低标准。

3.5 世贸组织项下的有关国企规则

多边贸易协定中的经贸规则在所有制方面总体上秉承中性原则，即没有对国有企业设置有针对性的规则，但国有企业也要无差别地服从世贸组织的三大原则和补贴方面的有关规定。世贸组织框架下的竞争规则旨在要求成员国不得通过反竞争立法的方式建立市场壁垒而逃避其应当给予外国产品、服务和企业平等竞争机会的义务。竞争政策与贸易政策紧密相关，限制商业竞争的行为可能影响各国之间的贸易，影响市场准入而违背公平贸易的原则，也就是说，世贸组织框架下的竞争规则服务于自由贸易的发展。世贸组织虽没有明确引入系统的竞争规则，但其框架下的竞争规则体现在世贸组织的基本原则以及各项具体协议中，即非歧视原则、公平竞争原则，《关税与贸易总协定》第2、10、11条，《服务贸易总协定》第2、8条，《与贸易有关的知识产权协定》第8、31、40条等都有所体现。作为世界贸易组织最重要的原则，非歧视原则要求"成员国公平、平等地对待其他成员国的包括货物、服务、知识产权或者企业等在内的与贸易有关的主体和客体"，国民待遇原则和最惠国待遇原则是非歧视原则的两大基石，相关规定见《关税与贸易总协定》第1、3条。国民待遇原则要求"成员国要为进入该国市场的其他国家的产品、服务和企业提供不低于本国企业的待遇"，其实质是要求成员国平等地对待来自本国的和其他成员国的产品和服务，给予其他成员国的企业非歧视性待遇。最惠国待遇原则要求"成员国在进出口方面给予其他各成员国相同的待遇，不得采取歧视性措施"，其实质是保证各成员国参与市场竞争的机会均等。公平竞争原则是指在"世界贸易组织的框架下，各成员国不得采取扭曲市场竞争的措施，要纠正不公平贸易及国内不公平竞争行为，创建公正、平等的市场环境"，其主要表现为要求公平的市场准入机会，以及反倾销、反补贴措施的规定。公平竞争原则作为世贸组织的重要原则，在世贸组织的各项协议和规则中都有所体现，为世贸组织的稳定运行及创建公正、平等的贸易环境发挥了重要的作用。《关税与贸易总协定》第17条第1款对禁止歧视性待遇问题做了规定，要求"成员国国有企业遵循非歧视的一般原则，不得在企业间采取歧视性的行为"；《服务贸易总协定》第1条第3款对政府机构（包括政府机构授权的非政府机构）采取的影响服务贸易市场准入的措施做出了限制；《与贸易有关的知识产权协定》第8条明确规定："成员国在利用知识产权进行不当的贸易限制时，其他成员国有权根据协议采取适当措施，以防止利用知识产权保护违反公平竞争的做法。"

世贸组织框架下对国有企业的直接规定涉及反补贴和反倾销（《关税与贸易总协定》第 16 条）、国营贸易企业（《关税与贸易总协定》第 17 条）。世贸组织规制国家行为以为国家间的贸易提供便利，并不直接管理企业的市场行为，但是成员国政府往往可以通过对企业进行补贴等行为扭曲国家间的贸易，为此世贸组织禁止各成员国通过不公平的方式对本国内企业的商业活动施加影响，以免影响与其他国家的公平贸易。《关税与贸易总协定》第 17 条对国营贸易企业做出了规定，国营贸易企业被认定为"由政府建立或者实际控制的企业，被政府赋予了专项贸易独占权或者特权，实际上处于一种行政垄断地位"，这种政府特权授予行为无疑影响了正常的市场交易，因此世贸组织要求国营贸易企业遵循非歧视原则、信息披露义务、商业考虑原则并逐渐退出国际贸易。

由于世贸组织关注的对象为各成员国，其主要对各成员国的义务做出具体规定，并不关注各国国有企业市场竞争的问题，但是欧美等国将国有企业认定为政府部门或者政府机构，如此对国有企业课以成员国的国家义务。因此，要加快进行国有企业的分类改革，对竞争性国有企业降低行政色彩，强化其市场主体属性，将其完全投入到市场竞争中去。此外，公益性国有企业要承担起提供公共服务的职能。

3.6 竞争中立视角下国企条款的多元化比较

3.6.1 从国内实践角度比较澳大利亚、欧盟以及美国模式

首先，推进竞争中立的价值取向不同。

澳大利亚推行竞争中立规则的最初目的是推进国内的竞争改革，规制本国国有企业的经济行为，其之后的国际扩张也只是通过温和的双边谈判的方式进行，而且并没有对缔约国做出强制性要求。欧盟推行竞争中立规则是为了促进区域内统一大市场的形成，构建公有企业与私有企业之间公平的竞争环境，其后在国际范围内推行竞争中立是为了保护欧盟企业的全球竞争力。美国没有像澳大利亚一样要进行竞争中立国企改革的问题，也没有欧盟建立区域内统一市场的需求，美国推行竞争中立规则的主要目的不是适用于本国内部，其一开始便是基于全球竞争的视角，维护本国企业的国际竞争力。通过对比可以看出，美国推行竞争中立规则是在全球经济格局发生变化下的一种自我保护措施，是其维护全球竞争力的新工具，表现出强烈的"制度非中性"特点。

竞争中立规则缘起于国内法，但是当"国内版本"的法规发展成为"国际版本"时，由于政策环境发生变化，竞争中立规则在性质和效果上可能与"国内版本"具有很大差异。因为在国内政策环境中，优化资源配置的本国企业改革与单个国家的利益是一致的，因此竞争中立规则的国内实行一般是基于竞争法理念而为的，比如澳大利亚模式；但是在国际经济环境下，全球范围内资源配置的改革往往很难和单个国家的利益完全一致，这就导致一些国家不同程度地基于贸易保护主义推行国际规则，比如竞争中立规则的美国模式。

其次，适用竞争中立规则的内容不同。

澳大利亚模式中竞争中立规则适用的主体是"政府的商业活动"，其认定国有企业的标准是所有权的性质；美国模式中竞争中立规则的适用对象是"政府支持的商业活动"，其认定无论是国有企业还是私有企业只要政府给予了特别的优惠性待遇，即应受到竞争中立规则的约束；欧盟模式则要求"无论是公共部门还是私营部门都应受到竞争政策的约束"。相比而言，澳大利亚等国对适用企业进行界定时往往与所有权性质紧密相连，美国则将国有企业所有权性质的一般定义扩大为政府支持的一切商业活动，无论是国有企业还是私有企业，只要其经济活动受到政府的支持都可视为拥有不正当的竞争优势，都将受到竞争中立规则的约束，更加彰显了竞争中立规则的"中立"要求，但是另一方面，美国往往通过该条款将他国私有企业的经济活动贴上"政府支持"的标签而进行规制。

再次，构建竞争中立规则的制度安排不同。

澳大利亚模式中竞争中立规则主要以国内法的形式存在，所以对实体性问题及程序性问题都做了明确具体的规定，以更好地指导本国的国企改革，在制度扩张问题上，也是侧重于要求缔约国国内的国企改革。尽管欧盟的法律统一性很强，但其终究还是由诸多主权国家构成的区域经济组织，因此欧盟只对竞争中立规则做出了一般原则性和基本性的规定，赋予了各成员国较大的自主权，由其自行决定具体细则，而欧盟负责加强区域层面的统一监管。在制度扩张上，欧盟不仅将竞争政策作为双边协定的条款，而且将竞争中立作为他国经济和法律制度的评判标准，具有一定的强制性色彩。美国国内并没有构建竞争中立规则的法律框架，其竞争中立规则的观点体现在有关的国际协议中；在制度扩张上，美国模式相比于澳大利亚模式和欧盟模式，具有更加强烈的单边强制主义色彩。其将欧盟模式和澳大利亚模式竞争中立规则下的一些指引性的规定转化为强制性的要求，从而将澳大利亚模式中针对国有企业改革的条款，转变为对他国政府及国有企业经济活动的评判标准，成为其限制他国参与国际竞争的工具。

3.6.2 从国际实践角度比较有关国有企业的国际规则

在对国有企业的定义方面，世贸组织仅仅对"国营贸易企业"

的定义做出了规定，此规定适用范围狭小，不能适用于其他一般的国有企业。经合组织对国有企业的定义采用了"控制权"标准，即由国家掌握全部或者重要的"控制权"，被国家施加有效影响的企业才会被认定为国有企业；美国—新加坡自由贸易协定以及 TPP 文本都采用了"参股"标准和"控制权"标准相结合的方式，即政府持有一定股份或者具有控制权的企业则可视为国有企业。这样的定义方式使得国有企业的范围相比于经合组织的规定扩大很多。但是 TPP "50%"的标准相比于美国—新加坡自由贸易协定"20%"的标准放宽许多，可以想象这是成员国发展水平不一致，尤其是新加坡、越南、日本等国国有企业占有很大比重，在谈判过程中这些国家难以接受过于苛刻的国有企业规定，"50%"是各国相互博弈、妥协的结果。在国有企业的适用范围上，美新 FTA 是新加坡单方承诺，只有新加坡一方的国有企业受到自由贸易协定中有关国有企业的竞争政策的约束，同时在 TPP 谈判中美国也坚持竞争中立规则只适用于中央层面的国有企业，不适用于地方、州层面的国有企业，而美国几乎没有中央层面的国有企业，这更加凸显了美国国有企业条款"制度非中性"的特点。

在国有企业条款的规定上，世贸组织的规定最为简单，因为其以成员国义务为核心而规制国家行为，并未把国有企业的治理放在首要位置。经合组织项下关于国有企业治理的规定最为详尽，一方面其客观翔实的规定可以作为各国国有企业改革的指引性参考，另一方面全面而高标准的要求并没有在成员国内得到有效的执行，同时，虽然其明确了国有企业的认定标准，并约定了公司治理的一般要求，但其内容仍侧重于非歧视性待遇和商业考虑方面。经合组织关于国有企业竞争优势的分析及构建国有企业公平竞争框架的途径为各国国企改革提供了有益的借鉴。美国 2012 年《投资保护协议范本》及美国—新加坡自由贸易协定是双边协定，只要双方协商一致便可以达成协议，所以相比于世贸组织的规则其更加具体明确，更能体现缔约方的现实情况以及实际需求。

世贸组织作为世界上最大的多边贸易组织，其着眼于世界范围内成员国间的公平竞争，强调成员国公平地对待本国内他国的产品、服务和企业，不得给予歧视性的待遇。但是世贸组织框架下的竞争规则缺乏整体性和系统性，也没有要求成员国国内必须制定相应的竞争政策，更没有设定其国内竞争政策所应达到的最低标准。由于成员国经济发展水平以及竞争政策制定的标准不同，在市场准入及公平竞争方面，其难以满足新时期全球贸易与投资的发展，竞争规则规制不力，同时由于世贸组织成员国众多且经济发展差异大，在公平竞争问题上难以取得新的成果。

相比于此，TPP 竞争中立规则的视角从国际层面进一步深入到了各国的内部，其不只要求成员国间的公平待遇，更对成员国内部的经济管理体制提出了新的要求，即取消政府给予国有企业的不正当竞争优势，是对公平竞争原则要求的细化和进一步发展。为弥补世贸组织框架下竞争规则规制力的不足，TPP 竞争中立规则开始在双边及区域经贸协定上发展和活跃起来，然而区域贸易协定在本质上仍是贸易协定而不是竞争协议，这就决定了其规制竞争的目的仍只是为自由贸易服务。但是我们应该看到，从世贸组织框架下的竞争规则发展到区域贸易协定中的竞争条款，竞争规则由分散化的规定走向系统性的要求，其约束的对象由私人行为逐渐向国有企业、政府行为扩展，在这个过程中竞争中立的规则逐步发展起来。竞争中立规则虽然缘起于澳大利亚的国内法，但是在国际规则层面，竞争中立规则与国际竞争规则的发展一脉相承，其萌芽于世贸组织框架下的竞争规则，与各区域贸易协定的竞争条款紧密联系，最终很可能发展成为如同世贸组织原则一样的多边贸易规则，成为 21 世纪最重要的投资与贸易规则之一。

3.7 比较竞争中立国际实践后的启示

通过对比澳大利亚、美国等国家以及欧盟、经合组织、世贸组织在竞争中立问题上的不同观点，我们可以得出这样的结论，那就是目前还没有适用于所有国家的竞争中立制度，建立竞争中立制度的国家或地区经济联合体都形成了自己特有的竞争中立制度。各种版本的竞争中立制度之间有一些共通的特点，这是以追求公平竞争的市场环境为目标的竞争中立制度自身的特点决定的，但是不能因此就认为在某国适用的规则也一定适用于其他国家。

竞争中立制度的实施方式在各国具有特殊性，有的侧重于通过政府政策来推动实施，有的侧重于通过形成相对完整的法律体系来实施，还有的通过国家间的贸易协定来实施自己的竞争中立理念。和其他制度一样，竞争中立制度也具有多样性，不同的经济体应尝试建立符合自身特点的竞争中立制度，而不能照抄照搬。同样的，在很多国家还未形成成熟的竞争中立制度的前提下，强行在国际上推行竞争中立制度也是不可行的。

具体到我国，我们在认识竞争中立制度共性的同时要认识到我国在实施竞争中立时所面临的特殊性，只有坚持普遍性和特殊性相结合才能更科学地制定符合我国现有国情的竞争中立制度体系。尽管各国对于"竞争中立"理念的理解是基本一致的，但是在竞争中立的制度化方面却存在显著差异，即竞争中立制度具有多元性特征。比如，作为国内改革措施的澳大利亚版竞争中立、作为国际倡导性规则的国际组织版竞争中立和作为国际约束规则的美欧版竞争中立，在适用范围和实施机制方面都存在明显的差异。可见，竞争中立理念及其制度生成具有不同"土壤"，在移植和引进竞争中立理念和制度的过程中，必然会产生"异化效应"（与本国的既有理念和制度脱节）。在国内法层面，竞争中立的多元性特征为不同制度之间的竞争提供了可能；在国际法层面，竞争中立的多元性特征则为追求全球竞争的"实质公平"而非"形式公平"提供了可能。

我们国家在借鉴、实施国际竞争中立制度的实践经验时应注意以下几点内容。首先，我们应该认识到竞争中立理念与我国经济体制改革的目标是一致的，是可以相互协调的。在我国经济发展现阶段实施竞争中立制度可以帮助我国更深入地实施经济体制改革，为经济发展提供一个更加公平有序的市场竞争环境。在推进外部市场环境改革的同时，我们也要加快推进国有企业的相关改革，用公司化的思路推进国有企业改革，落实好现阶段既定的国有企业分类管理和国有资产分层管理的改革目标，对涉及国有企业的财政、税收、信贷等措施逐步清理完善，此外还不能忽视国有企业的市场化管理水平。

其次，作为公有制占主体地位的国家，我们要正视国有企业的竞争优势，同时还要理性分析其竞争劣势，合理区分哪些是正当的竞争优势，哪些是不正当的竞争优势，还要分析哪些是不当的竞争劣势。分析这些内容的主要目的在于掌握国有企业的真实情况，没有这些参考信息，我们无法合理制定出符合我国国情的竞争中立制度。

再次，我们还要认识到竞争中立制度的设计要与一个国家的发展阶段相符合。竞争中立是一个政策工具，其规则和程序必须要为一国的公共利益和社会福利服务。对于发展中国家而言，一方面，只有通过提高本国产业竞争力，更好地融入"全球价值链"，才能分享全球化的利益，实现经济的包容性发展和可持续发展；另一方面，很多国家的实践又表明，全面自由化在发展中国家和转型经济国家的国内市场环境建设中并非最佳做法。在一个全球价值链逐渐分化的国际市场上，发展中国家的定价能力非常薄弱，因而与发达国家难以进行真正意义上的公平竞争。

要改善发展中国家在国际贸易中的不利地位，就必须开放被区域或双边自由贸易协定限制了的国内政策空间，赋予国家为保护国内产业、提高本国竞争力、对跨国企业在本国市场上的力量加以限制而实施产业政策的能力，包括灵活制定和运用竞争中立制度的能力。同时，竞争中立制度的实施要与一个国家的法制背景相适应。竞争中立的制度设计及其实施不仅要考虑国际发展趋势，更要正视国内的基本经济社会制度和法律规定。此外，我们还应认识到竞争中立更宜作为国内措施而非国际规则来看待。

基于这些国际经验和国内分析，可以初步确定我国关于竞争中立的基本立场。竞争中立的核心是最大限度地确保市场主体的公平竞争。对中国而言，当前的重点仍然是进一步推进国有企业的公司化改革和市场化改革，并通过分类监管在竞争性领域实现国有企业与私营企业的公平竞争。但是，需要明确的是，竞争中立不是要让所有国有企业和私营企业均站在完全一样的起点（不同的企业因其规模、技术水平、管理能力等的不同均会享有一定的竞争优势）。竞争中立制度也不以缩减国有企业规模、出售国有资产和私有化为目标。竞争中立制度更不意味着国有企业无须承担社会义务，或者将社会义务和责任完全交由自由竞争的市场。竞争中立并不剥夺国有企业在自由竞争市场中通过其自身能力取胜的机会。

中国可以社会公共利益为基本出发点，以"公平竞争"理念为指导，围绕中国经济体制改革（特别是国有企业改革）的方针和实践，构建符合中国特色、满足中国自身需求、与国际接轨的竞争中立制度体系。这个体系也可以不叫"竞争中立"，但是应体现竞争中立的基本内涵。

第四章

竞争中立对我国国有企业改革的影响

4.1 当前我国国有企业的发展与问题

4.1.1 我国国有企业的分类和改革的历史脉络

4.1.1.1 我国国有企业分类

2015年12月29日,国家相关部门发布《关于国有企业功能界定与分类的指导意见》,根据我国国有企业所扮演的角色和发挥的作用的不同,对中国国有企业进行了细化与分类。总体来说,国有企业最主要的目的并非追求企业的利润最大化,而是承担私营企业无法承担的社会责任。国有企业作为一种特有的社会稳定工具,其作用主要是为社会提供基础设施服务、限制私人企业的垄断、弥补市场失灵、解决就业问题、缩小社会贫富差距、保障国家安全稳定等。

4.1.1.2 我国国企改革的历史脉络

根据社会经济体制的变化,自1949年新中国成立至今,中国国有企业的改革与发展大体可以划分为三个时期,即1949~1978年国家实行计划经济体制阶段的国企改革发展，1979~1993年国家经济体制处于转轨阶段的国企改革发展，以及自1994年至今的国家转入社会主义市场经济体制阶段的国企改革发展。在这三个不同的阶段，国有企业的改革与发展存在着不同的问题，并由于国家所采取的不同措施而呈现不同的特点。

第一，计划经济体制阶段的国有企业改革。1949~1978年，中国的经济发展处于计划经济体制阶段。在这一阶段，国有企业发展的一大特点是：众多国企应运而生但政企难分，运营机制亟待成熟。在中华人民共和国成立之初，为了建立独立的工业体系，全国有156个项目投入运营，推动了近5万家国有企业的建立。这些为国家工业而生的国有企业均处在国家的"强控制"之下，被动地由政府掌管着经营者的任命权，这导致此时的国有企业无法有效激发员工的积极性，效率低下，缺乏发展动力。

第二，经济体制转轨阶段的国有企业改革。1979~1993年，中国的经济发展处于经济体制转轨的探索阶段。在这一阶段，国家针对此前国有企业存在的"政企不分"问题制定了应对策略，初步尝试对国有企业进行改革。具体改革措施主要分为四个方面，即扩权让利、经济责任制、利改税和承包制。

首先，扩权即给予国有企业更多自主经营的权力，以此来推动政府与国有企业之间经济关系的平衡，激活国有企业快速高效发展的动力。1978年，国务院发布关于国营工业企业体制改革的相关文件，提出扩大国有企业自主经营权。同年10月，四川作为首个试点省份对包括重庆钢铁厂在内的6家国有企业实行扩权改革。截至1980年底，实行扩权改革的企业已经达到6600家。一方面，扩权改革取得了较好的效果，初步提高了国有企业对提升产品质量、提升企业技术水平、参与市场竞争以及关注企业盈亏的重视，使经历扩权改革后的国有企业获得了良好的经济效益；另一方面，由于当时扩权改革政策过于单一，缺少相关政策的配合与推动，改革要求并未完全落实，效果存在局限性。

其次，经济责任制，即企业通过包干任务来获取利润收入。与扩权改革相比，经济责任制以直接的经济利益为吸引，更好地调动了国有企业的积极性。但受当时国情所限，集中在经济责任制改革上的资金过少，导致在1983年，改革重心又发生了新的转移，出现利改税政策。

再次，利改税政策，依次分为税利并存和完全的以税代利两个阶段。实践证明，利改税改革具有重要的积极作用，其既是对此前扩权和经济责任制改革的完善，又充分调动了国有企业的积极性。

最后，承包制是在利改税改革的有力推动下，为改进国有企业的经营机制而制定的策略。值得肯定的是，承包制改革对于提高企业员工积极性、推动国有企业发展、促进国民经济增长具有重要作用。但是，这时的国有企业改革仍存在一定的问题，包括改革过程中政府的干预性过强、改革方式欠缺规范性等。

第三，社会主义市场经济体制阶段的国企改革。自1994年起至今，中国的经济发展步入了社会主义市场经济体制阶段。这一阶段国有企业改革的主要特点是以公司制和股份制为主，通过推动国有企业分类改革、混合所有制等重大举措的实施，完善国有企业改革模式，平衡政府、国有企业、市场三者之间的关系，逐步建立更加符合国情和社会主义市场经济发展情况的现代企业制度和市场化经营机制。

为扭转全国多家国有企业连续亏损的局面，1999年中共中央发布《关于国有企业改革和发展若干重大问题的决定》，并提出了全力实施国有企业股份制改革的意见。由此，企业发展进入"国退民进"的状态：大量国有企业破产退出，带动了职工下岗再就业，同时，大量国有企业实现了由亏损向赢利的转变，逐渐焕发活力。此后,"国退民进"状态不断发展。到 2002 年,国有经济结构发生进一步调整,国有企业不断向石油、化工、军工、冶金以及电信等关系国家经济增长的重点行业发展,而在其他一些行业,私营企业异军突起,国有经济和非公有制经济逐渐趋于均衡,国有企业改革成效明显。2004 年,国家对国有企业进一步实行人事制度改革,建立了公司和董事会制度。2005 年,国家组织了 25 家央企公开招聘高管活动,这是国家首次以非行政渠道任命央企"一把手"。

近几年,在国家有关政策的推动下,国有企业改革的步伐愈加稳健,改革措施逐步深入。2013 年 11 月,十八届三中全会强调,务必全面发挥市场对资源配置的关键作用,将国有企业改革的重点主要锁定在两方面:一是"大力发展混合所有制";二是"建立国有资本投资运营公司"。与此同时,在全国范围内推行三层管理制度,即国资委对国有资本投资运营公司负责、国有资本投资运营公司对国有企业负责的管理制度。

2015 年 8 月,中共中央、国务院发布的《关于深化国有企业改革的指导意见》提出了多条重大改革举措,其中包括对国有企业实行分类改革、推动混合所有制经济的发展、加强监督国有资产以避免流失等。2016 年初,国务院"国有企业改革领导小组"又提出了"十项改革试点"政策,并针对这十项改革措施选择合适的企业进行定点试验,以期通过试点的示范效应带动国有企业全局性改革,有针对性地推进改革机制的深化与创新。这些改革新举措的实行,标志着中国在全面深化国有企业改革方面又迈出了关键的一步:一方面,改革使国有企业充分焕发活力;另一方面,改革又深入厘清了政府、企业与市场三者之间的关系,发挥了政府的调整作用和市场的决定作用。国有企业改革随着社会主义市场经济的发展成熟而不断优化,稳步推进。

4.1.2 我国国有企业发展当前存在的问题

回顾新中国成立以来我国国企改革的历程,关键之处就在于要平衡好政府、企业和市场三者之间的关系。当前,我国国有企业改革的治理模式已经在无数次国有企业改革政策的实践下取得了实质性的进步,从最初受限于国家计划经济体制时的政企不分、企业失活的状态,向政企逐渐分离、企业自主权增大、产权更加明晰、管理更加科学的状态逐步转变。但是,在为国有企业改革所取得的成果感到欣喜的同时,务必要认识到,现阶段我国国企改革仍存在很大的提升空间。

4.1.2.1 国有企业自身管理体制问题

第一,管理模式滞后,人员分配不合理。国有企业的管理问题主要体现在两方面:一是国有企业管理模式不够先进,严重缺乏灵活性、变通性;二是国有企业内部管理人员岗位匹配度差,效率不高。在不同的历史时期,国家的经济、法律制度以及国有企业的发展状态均有差异,曾对中国国有企业改革起到积极推动作用的国家行政干预,对于目前中国的国企改革而言,已经不合时宜。由于企业管理理念落后,现阶段,我国国有企业在产品管理、市场管理、成本管理、人才管理等多方面都存在一定不足。例如,在产品和市场管理方面,国有企业目前仍然存在一定的滞后性,产品无法紧跟市场需要;在人才管理方面,当下国有企业内部仍然存在一定程度的以权谋职、以钱谋权、职位和管理能力不匹配的问题,这种裙带化、利益化、阶层化、僵硬化的人才管理方式严重缺乏科学性和合理性,也将打击企业内部员工工作的积极性,降低生产效率,对于优化国有企业内部的人才管理体系以及推动企业的长远发展都是十分不利的。

第二,产权缺位,效益分配不均。产权缺位是多年来中国国有企业改革中未能完全解决的问题。一方面，其阻碍了国有企业内部管理完善，导致企业内部经营者个人利益需求偏离企业长远发展需求，出现管理风险，造成企业效益分配不均，甚至出现假公济私、内部员工互相争权谋利等现象；另一方面，其直接导致了国有企业在发展的过程中受到多方牵制，缺乏及时有针对性的指导，经营机制不如私营企业灵活，在与私营企业竞争的过程中处于消极被动的状态。产权缺位，效益分配不均，极大地影响了国有企业的经营效率，严重地阻碍了国有企业的改革和长远发展。

第三，自主创新不足，技术产出率低。国有企业作为中国经济发展的"顶梁柱"，其技术自主创新与改进的程度代表和影响了中国在国际上的地位和作用，承载着来自国际市场上的先进技术和产品的压力。然而，在以信息技术和产品的自主创新为国家领先标志的今天，中国的国有企业在国际上部分竞争领域中稍显逊色。中国国有企业在自主创新方面，面临着一些亟待解决的问题。首先，自主创新往往存在着研发周期长、短期收益不明显的问题，一些国有企业往往会因此忽视或压缩对自主创新的资金投入，造成国有企业的创新产出率始终难以提升。其次，中国部分国企的自主知识产权创新能力低于国外某些大型国有企业，导致我国部分国有企业不具备独立的核心技术，在技术上依赖外国，在国际市场上的品牌占有率较低。最后，在自主创新人才培养方面，中国部分国有企业对技术人才的发掘能力较弱、重视程度较低，人才队伍建设和培养体系有待加强和完善。

4.1.2.2 政策制定与推动存在问题

第一，分类改革标准尚不明确。作为目前推进国有企业改革过程中被充分肯定的改革对策之一，分类改革已于2015年8月被正式列入中共中央、国务院发布的《关于深化国有企业改革的指导意见》。同年12月，国资委等国家相关部门又发布了《关于国有企业功能界定与分类的指导意见》，进一步确定了国有企业的分类标准，并且针对不同类型的国有企业制定了不同的改革措施。然而需要注意的是，目前国有企业分类标准仍存在有待商榷的地方。一方面，相关政策文件仅仅是对国有企业类别进行了描述性的区分，并未详细说明每一类别的国有企业具体包含哪些行业。在落实具体措施的过程中，可能会出现对于某些行业，尤其是可能存在争议的行业的分类模棱两可的情况，难以进行严格的监管；另一方面，从地方政府所公布的"混改"实施办法也可以看出，由于中央和地方的国有资产具有差异性，难免会出现地方对于国有企业的分类与中央所要求的分类产生偏差的现象。

第二，国有企业混合所有制改革困难重重。实行国有企业混合所有制改革，对于推进我国供给侧结构性改革、推动中国创新发展具有重要意义。然而实践表明，目前国企混合所有制改革仍然面临挑战。一方面，部分地方政府对国有企业混合所有制改革缺乏重视，仅仅将改革视为一项任务，并在其出台的"混改"意见和推行方案中，制定形式化标准，如对国有企业和私营企业的混合程度、持股比例等固定化、任务化，严重影响了"混改"政策实行的灵活性和效果；另一方面，私营企业在参与"混改"的过程中面临阻碍，如私营企业无法全面及时地获得"混改"信息、整改过程中可能无法获得与国有企业同等的话语权等。

4.2 我国竞争中立现状

4.2.1 我国竞争中立的法律实践

1992年以来，我国经济立法出现了淡化所有制差别的趋向。但是，我国关于竞争中立的法律实践从字面上仍无从寻找。然而，从该制度的本源出发，对我国法律体系进行搜索，可以发现我国法律中与竞争中立理念契合的部分还是有迹可循的。下文主要从《宪法》《反垄断法》《企业国有资产法》等与竞争中立理念关系密切的法律入手展开分析。

4.2.1.1 《宪法》与竞争中立

《宪法》中与竞争中立有关的内容主要是涉及我国基本经济制度的相关规定。我国《宪法》第6条至第18条集中规定了我国基本经济制度的内容。其中，最重要的有两条：一是第6条，该条明确提出了我国的基本经济制度是"公有制为主体、多种所有制经济共同发展"，并强调了"社会主义经济制度的基础是生产资料的社会主义公有制"，可称之为"公有制条款"；二是第15条，该条明确了我国实行的是"社会主义市场经济"，并强调了经济立法、宏观调控和经济秩序的重要性，可称之为"社会主义市场经济条款"。《宪法》中有关经济制度的其他条款，基本上可以理解为从这两条规定中衍生出来的。

根据上述规定，可以得出中国的经济体制具有如下特征：第一，中国实行的是市场经济，因此市场在资源配置中具有基础性、决定性作用；第二，中国实行的是社会主义市场经济，因此中国的市场经济与社会主义制度联系在一起。社会主义制度体现在所有制结构层面，表现为"以公有制为主体、多种所有制经济共同发展"；在分配制度层面，表现为"以按劳分配为主体、多种分配方式并存"。社会主义市场经济体制能否有效运行，关键就在于能否真正解决公有制与市场机制有机结合的问题。

对我国《宪法》中"公有制条款"（第6条）和"社会主义市场经济条款"（第15条）的解释，将直接影响中国版竞争中立制度的制定和实施。如果说，《宪法》中的经济制度不仅具有宣示效应，更重要的是确立"国家干预经济"的一般界限，那么，这两个条款对于国家干预经济界限的理解，显然是不一样的。《宪法》中的"公有制条款"，赋予了国有企业特殊的"垄断地位"。社会主义公有制在经济层面是以国有经济的形式表现出来的，国有经济占主导地位意味着国有企业占据垄断地位。如果《宪法》保障这种"垄断"，那么竞争中立是否还存在有效适用于国有企业的空间？

从表面上看，"公有制条款"含有"基本经济制度"的字眼，明确了"以公有制为主体"是我国经济制度的基本特征，因此应该以"公有制条款"为主。或者说，可以将"公有制条款"理解为对"社会主义市场经济条款"的细化和落实。但是，如果严格坚持"公有制条款"，可能给竞争中立的适用带来巨大挑战，特别是在利用竞争中立指导国有企业改革和将竞争中立适用于国有企业限制竞争行为的时候。比如，国有企业的市场化改革本身以及削弱国有企业竞争力（哪怕建立在不公平竞争的基础上）的政策，很可能是与"公有制条款"相冲突的。而如果坚持"社会主义市场经济条款"，特别是强调竞争政策维护社会主义市场经济可持续发展的功能，那么将竞争中立适用于国有企业和政府垄断行为就具有宪法依据。

4.2.1.2 《反垄断法》与竞争中立

竞争中立的本质是促进公平竞争。从这个意义上看，我国《反垄断法》的出台和实施促进了竞争中立理念的传播，并为我国竞争中立制度的制定和实施创造了基础性法律条件。

首先，不管是从立法本身还是实施来看，国有企业都不存在豁免适用《反垄断法》的情况。有人认为，《反垄断法》第 7 条的规定给国有企业提供了"特殊保护"，实则不然。《反垄断法》仅对"国有经济占控制地位的关系国民经济命脉和国家安全的行业以及依法实行专营专卖的行业"的"合法经营活动"进行保护，也就是说，凡上述行业中的企业违反了《反垄断法》就应受到《反垄断法》的规制。因此，关系国民经济命脉和国家安全的行业和关键领域中的企业（包含国有企业和非国有企业）同其他行业和领域的企业同等适用《反垄断法》，并不存在排除《反垄断法》对特定行业或者国有企业的管辖适用。

《反垄断法》实施后不久，《企业国有资产法》于2008年10月颁布，该法旨在规范对国有资产的管理、运用和保护。《企业国有资产法》第7条的规定可以用来帮助解读《反垄断法》第7条，即可以理解为：国家对其合法经营活动给予保护的、关系国民经济命脉和国家安全的重要行业和关键领域是由国有经济占控制地位的，《反垄断法》保护"合法垄断"的国有企业实施的"合法经营活动"。

此外，《企业国有资产法》第17条还强调"国家出资企业从事经营活动，应当遵守法律、行政法规"，再次明确国有企业并不基于其和国家的关系而豁免适用包含《反垄断法》在内的任何法律、行政法规。

其次，《反垄断法》专章规定了禁止"滥用行政权力排除、限制竞争"，对政府的行政性垄断行为予以规制。竞争中立本质上要规范的，正是政府滥用其权力设置竞争壁垒，为特定企业提供不公平的竞争优势。因此，《反垄断法》实际上是通过"事后规制"的方式"间接"地实施竞争中立。

当然，也要注意到，虽然《反垄断法》和《企业国有资产法》的规定表明了国有企业并不基于其和国家的关系而豁免适用《反垄断法》，但是竞争中立执法机构在实践中仍然面临着某些国有企业享有"特权"的尴尬。同时，当前我国《反垄断法》有关行政性垄断的规定和实施都受到了"行政法思维"的严重影响，与"反垄断法思维"下有关行政性垄断的认识存在巨大反差，导致行政性垄断的定义、认定标准和法律责任等方面都存在问题。比如，行政性垄断行为以滥用行政权力为前提，很多公共政策的制定并不构成滥用行政权力，但在实际运行中却产生了排除、限制竞争的效果。对于这种情况，《反垄断法》并不适用。行政复议和行政诉讼可以规制排除、限制竞争的具体行政行为，但大部分公共政策都属于抽象行政行为，其限制竞争的问题无法通过行政复议和行政诉讼的途径来解决。此外，虽然通过人大监督可以撤销政府的不适当规章、决定和命令，但人大监督关注的重点是不同层级法律文件之间的衔接问题，而不是市场竞争问题。

因此，尽管《反垄断法》本身具有竞争中立的内涵，但其仍然具有局限性，不足以完全体现竞争中立的制度内涵。我国需要导入具有事前防范功能、适用范围更广、针对性更强的竞争中立制度，弥补现有制度的不足。

4.2.1.3 《企业国有资产法》与竞争中立

《企业国有资产法》于2009年5月1日起实施，晚于《反垄断法》，也就是说在制定、通过《企业国有资产法》的过程中注意了与《反垄断法》之间的协调。《企业国有资产法》主要是从法律的角度来规范国有资产的管理，其中一些条款暗合了竞争中立的理念。《企业国有资产监督管理暂行条例》作为行政规章，其效力低于《企业国有资产法》，两者内容上有一定重合，在《企业国有资产法》未有规定且不冲突时，方可适用《企业国有资产监督管理暂行条例》。

《企业国有资产法》主要由总则、履行出资人职责的机构、国家出资企业、国家出资企业管理者的选择与考核、关系国有资产出资人权益的重大事项、国有资本经营预算、国有资产监督、法律责任以及附则构成，形成了比较清晰完善的管理国有资产的框架。《企业国有资产法》与竞争中立制度所倡导的精简政府企业的运作形式、对国有企业进行公司化改造相契合的条款是：总则的第6条，该条款规定的政企分开原则、政府的社会公共管理职能与国有资产出资人职能分开原则，以及政府不干预企业依法自主经营原则等为精简国有企业的运作方式及推动国有企业公司化改造提供了重要依据，也是后续相关条款制定的原则；履行出资人职责的机构章的第12条、第13条和第14条，这三条对各级政府履行出资人职责时的规则做出了规定，都强调要依法履行职责，除依法履行出资人职责外，还不得干预企业经营活动；国家出资企业章的第16~21条，这六条主要是从完善现代企业制度、实现公司化的方向来管理国家出资企业，比如，其中关于建立和完善法人治理结构、完善财务制度、依法分配利润、建立监事会以及职工代表大会等规定，都体现了按照公司化的方向精简政府企业运作形式的竞争中立理念。除了以上条款对竞争中立理念有所体现外，其他条款亦有体现，如总则的第8条，该条提出国有资产要保值增值，这与竞争中立制度中要求国有企业获得合理的商业回报率是十分契合的。第六章关于国有资本经营预算的规定与竞争中立制度中核算特定职能的直接成本以及合理补贴的内容是呼应的，因为制定科学的预算是计算特定国有企业在履行公共服务特定职能过程中的成本以及给予合理补贴的基础。

《企业国有资产法》除了一些体现竞争中立制度的条款，也有一些与竞争中立制度不协调的内容，如第五章第31条关于国有企业合并、分立，增加或者减少注册资本，发行债券，分配利润，以及解散、申请破产的有关规定。该条规定表明，国有独资企业、国有独资公司发生前述事项应由履行出资人职责的机构决定。虽然是国有独资，但这无疑增加了对国有企业的控制，限制了企业的自主经营权；同时如果企业发生上述事项时符合《公司法》《破产法》的有关规定，而履行出资人职责的机构不同意，那么难免会有法律适用上的冲突，尤其是地方政府作为履行出资人职责的机构时，这种冲突会更明显。

综上，《企业国有资产法》总体上来说是我国在国有资产管理领域最主要的依据，应给予积极评价，该法使得我国国有资产的法治化水平明显提升，这对以公有制为主体的我国来说有重大意义，并且其中诸多条款体现了竞争中立的理念，这无疑为以后在我国实施竞争中立制度的相关规则提供了法律上的便利。

4.2.2　我国竞争中立的政策实践

4.2.2.1　经济政策与竞争中立

我国当前的经济政策和经济立法大多是"部门政策"或"部门立法"，因此常常体现的是"部门利益"，而非"社会利益"。①这突出体现在竞争执法机构和行业监管机构的关系以及行业法律法规限制竞争的行为现状上。

在我国，除了国家发改委、商务部和国家工商总局负有相应的竞争执法权外，还有其他国务院组成部门或者国务院授权的事业单位对部分特殊市场行使监管权，比如：国家电监会对电力供应市场、交通运输部对交通运输市场、工信部对电信市场、中国民用航空局对民航市场依法行使监管权。协调好竞争执法机构与行业监管机构的关系对于维护《反垄断法》的统一性和权威性十分重要，然而，《反垄断法》对竞争执法机构和行业监管机构交叉执法的工作原则并未予以明确。

虽然相关条款曾在提交十届全国人大常委会第二十二次会议审议的《反垄断法（草案）》中出现过，但最终未被正式纳入《反垄断法》。这一定程度上反映了我国行业监管机构的强势地位，以及在处理产业政策和竞争政策关系时我国尚不能做到准确定位。行业监管部门一方面要保护竞争，另一方面又必须加强监管，甚至可能

---

① 参见胡改蓉《竞争中立对我国国有企业的影响及法制应对》，《法律科学》（西北政法大学学报）2014年第6期。

考虑到部门利益而无法中立地执行竞争政策。在此情况下，对特定行业中的限制竞争行为到底由竞争执法机构进行执法，还是由行业监管机构进行执法，成为中国在经济转型过程中面临的一个重要问题。

在针对特定行业制定的法律、行政法规层面，不存在国有企业豁免适用《反垄断法》的规定，也不存在与《反垄断法》相冲突的情形。但是在针对特定行业制定的部门规章层面，虽然没有豁免国有企业适用《反垄断法》的规定，但可能存在与《反垄断法》目标不一致的规定。以《民用航空企业及机场联合重组改制管理规定》为例，该规定的立法目的虽然包括"推进建立公平有序竞争的市场秩序"，但在规范民用航空企业、机场联合重组改制行为时还必须"有利于保证安全生产和安全飞行"，这可能会与《反垄断法》在经营者集中问题上的审查标准发生冲突。

具有限制竞争效果的抽象行政行为大多集中在规范性文件层面。以石油行业为例，出于"规范市场秩序，减少无序竞争，提高资源配置效率，确保国家能源安全"的考虑，国务院办公厅发布了《转发国家经贸委等部门关于清理整顿小炼油厂和规范原油成品油流通秩序意见的通知》（国办发〔1999〕38号），由此确定了中石油、中石化在成品油批发市场的垄断地位。之后国家经贸委等五部委根据38号文件又制定了《关于清理整顿成品油流通企业和规范成品油流通秩序的实施意见》（国经贸贸易〔1999〕637号），再一次强调了中石油和中石化的地位。

在获得了批发领域的垄断地位后，中石油和中石化两大集团继续将垄断地位进一步扩张至石油的供应和配送、原油进口以及石油储备等环节。位于下游环节、必须依靠它们的配额生存的民营炼油企业、批发企业难以为继。

要消除这种情况，除了依靠公平竞争审查制度，还有赖于产业法或行业法本身的"竞争法化"。如果能够在行业法律和政策中实现竞争政策的目标,实现行业法的"竞争法化",即在行业法中减少排除、限制竞争的内容,实现各个行业的有序竞争,那么竞争政策的目标将不仅限于影响竞争法律本身,还将扩展到所有与竞争有关的公共政策。换言之,如果有关国有企业的公共政策能够体现公平竞争的内涵,那么竞争中立的目标也就实现了。

因此,竞争中立制度需要对接产业政策、贸易政策、国资政策等其他经济政策,将"竞争政策"作为经济政策的基础性政策,实现竞争中立与社会公益目标的协同一致。

4.2.2.2 公平竞争审查制度与竞争中立

2015年3月,中共中央、国务院发布了《关于深化体制机制改革加快实施创新驱动发展战略的若干意见》,提出要"探索实施公平竞争审查制度"。2015年5月,国务院批转国家发展改革委《关于2015年深化经济体制改革重点工作意见的通知》,文件提出要"促进产业政策和竞争政策有效协调,建立和规范产业政策的公平性、竞争性审查机制"。2015年6月,国务院下发《关于大力推进大众创业万众创新若干政策措施的意见》,又一次提出要"加快出台公平竞争审查制度"。2016年4月,中央全面深化改革领导小组审议通过了《关于建立公平竞争审查制度的意见》。2016年6月1日,国务院正式公布了《关于在市场体系建设中建立公平竞争审查制度的意见》(国发〔2016〕34号,以下简称《公平竞争审查意见》)。

所谓公平竞争审查制度,是指竞争主管机构或其他机构通过分析、评价拟订中(或现行)的法律可能(或已经)产生的竞争影响,提出不妨碍法律目标实现而又能将竞争损害降到最小的替代方案的制度。公平竞争审查制度是竞争政策的重要组成部分,是对作为"事后规制"方式的竞争法律制度的有效补充,同时为竞争中立的实施提供了制度条件。

第一,公平竞争审查制度的目的是减少法律和政策对竞争的不合理限制。这与竞争中立的目标相同。现阶段，我国仍存在一些不必要的行政干预，一些公共政策涉及指定交易、准入限制、歧视性待遇、违规补贴或税费减免等限制竞争问题，破坏了公平竞争的市场秩序，阻碍了全国统一大市场的形成。当上述行为指向国有企业，就与竞争中立的规范对象重合。因此，减少法律和政策对竞争的不合理限制（特别是给予国有企业特殊优待），符合竞争中立的目标。

第二，公平竞争审查制度的实施部门可作为竞争中立制度的实施部门，关于公平竞争审查机构的选择，存在三种不同方案：一是由政策制定机构进行自我审查，二是由竞争主管机构进行审查，三是建立专责的竞争审查机构。三种方案各有利弊。目前来看，《公平竞争审查意见》最终选择了"以政策制定机关审查为主，竞争主管部门予以指导"的方案。课题组建议，随着公平竞争审查经验的积累和理念的推广，我国可以逐步建立"以竞争主管部门为主、政策制定机构为辅"的公平竞争审查机制，由竞争主管部门主导公平竞争审查，政策制定部门在制定（修订）法律或政策草案时提交初步的竞争审查报告，配合竞争主管部门的竞争审查工作，以此进一步突出竞争政策在促进经济持续健康发展中的作用。同时，还可以进一步落实国务院反垄断委员会在研究、拟定和协调竞争政策方面的法定职能，使其指导公平竞争审查制度的制定。

第三，公平竞争审查制度可以"嵌入"竞争中立制度之中，成为竞争中立的"事先审查"部分。原则上，公平竞争审查的对象应该包括所有可能排除、限制竞争的法律和规则。但由于审查机构本身不属于立法机构，其审查全国人大及其常委会、地方人大及其常委会制定的法律或地方性法规很可能不具有"合法性"。因此，公平竞争审查的对象应至少包括国务院及各部门、各级人民政府及其所属部门制定的市场准入、产业发展、招商引资、招标投标、政府采购、经营行为规范等可能影响市场竞争的行政法规、部门规章、地方政府规章、地方规范性文件和其他政策性文件。特别是地方各级政府部门制定的"红头文件"种类多、数量大、针对性强，很可能对市场竞争造成损害，属于重点审查的对象。与此同时，虽然审查机构对于立法机关制定的法律或地方性法规无"审查权"，但仍可赋予审查机构"建议权"，以便最大限度地减少不利于公平竞争的法律规则的消极影响。如能将"是否符合竞争中立"纳入审查范畴，那么将能够从源头上消除违反竞争中立原则的规则的出台。可以肯定的是，公平竞争审查制度的实施，包括审查的程序、机构设置和配套机制等，都将为将来竞争中立制度的实施提供经验。公平竞争审查制度的完善，也将为竞争中立制度的制定奠定基础。

4.2.3 当前国有企业参与竞争存在的问题

4.2.3.1 部分国有企业享有特权性优惠

正如前文所述，竞争中立制度要求政府做到"税收中立""借贷中立"，就目前情形来看，部分政府公权力机关仍存在给予其拥有所有权的企业以特权，损害其他市场主体利益，破坏社会主义市场经济秩序的行为。

当公共权力机关设立国有企业时，它兼具两种身份，既是民选的权力所有者，又是商业活动的参与者。显然，国家公权力是商事活动中参与者的监督者，所谓"任何人不能成为自己案件的法官"，当公权力机关兼具两种身份时，难免会对与自己有"血缘关系"的国有企业有所倾斜。在许多情况下，国有企业享有一些私人企业不具备的特权或便利条件，这些特权或便利条件给予国有企业在市场上更强的竞争力。这种竞争力并不都来源于企业自身管理或技术的提升，也可能来自政府层面的扶持。这类优惠政策包括补贴、便利的融资与担保、独占垄断地位等。

在制度层面，以税收为例，政府可以通过减免特定国有企业的税负来达到对该企业补贴的目的。2009年财政部、国家税务总局发布了《关于企业重组业务企业所得税处理若干问题的通知》，将企业重组区分为"普通重组"和"特殊重组"，一旦被认定为"特殊重组"，国有企业就可获得"超特殊"税务处理的优惠。

在非制度层面，国企在信贷和补贴等方面事实上也享有明显的"净竞争优势"。目前信贷市场上，国企所享有的优势地位几乎不言自明，相关研究也表明，国企的高盈利与其在市场上融资的极大优势呈正相关关系。

在补贴方面，国企同样享受着较大的优惠，国企的高利润与政府对其进行的补贴密不可分。补贴被认为是一种最直接的政府扶持。比如，受扶持的国有企业从政府处获得直接的资金注入以维持其商业活动。补贴的形式是多样的，除了直接的资金上的补贴，政府还可以通过无偿或低价的形式让国有企业获得土地使用权。这在很大程度上降低了国有企业的运行成本，因为相同情况下私人企业需要花费更高的价格来获得其需要的土地。

此外，国有企业容易获得融资和担保上的优惠与便利。由于享有潜在的政府担保，国有企业能够较为便利地从政府或者国有金融机构中获得贷款。因此，相比私营企业，国有企业的融资成本更低。同时，正如上文所述，政府可能允许一部分国有企业享有垄断地位。尽管某些垄断行为有利于保证关系国家命脉行业的经济安全并维持社会秩序，但长期享有垄断优势很容易造成产业链的垄断，抑制市场竞争并提高行业准入条件。

4.2.3.2 国有企业具有行业垄断风险

竞争中立制度要求营造国有企业与私有企业的公平竞争环境，而在市场竞争中，我国国有企业与其他所有制企业相比往往占有相当大的优势。WTO在《2016年贸易政策评估报告》中指出："中国继续保持以公有制为主体，允许多种所有制并行发展的基本经济体制的结果是，私营部门在诸如服装、食品和出口组装等行业占主导地位，而具有战略重要性的部门（如能源、公用事业、交通运输、金融、电信、教育和医疗保健服务）仍仅部分开放给私人企业，这些部门往往由大型国有企业主导。"为研究中国国有企业垄断现状，本书以2017年福布斯"全球上市企业100强"数据为研究对象。需要指出的是，笔者对比了2014~2016年数据，根据相关数据，全球上市企业100强中，中国企业有17家，占17%。再看这些企业的所有权属性，根据2016年6月24日发布的《企业国有资产交易监督管理办法》第4条对国有企业的认定，这17家企业都属于国有企业。这些国有企业所属种类不同，分别是：①政府部门出资占100%的国有独资企业，如中国邮政储蓄银行和中国移动等；②政府部门持股超过50%的国有控股企业，如中国建设银行和中国银行等；③政府部门、机构直接持股比例不超过50%，但为第一大股东，且通过协议安排等方式能够实际支配的国有实际控制企业，如中国工商银行等；④政府部门、机构间接持股的，如平安保险、中信银行等；⑤除中央机关参股的国有企业外，还有地方国有企业，如福建省财政厅参与控股的兴业银行、上海市国有资产监督管理委员会参与控股的浦发银行等。

根据2017年福布斯"全球上市企业100强"数据，横向比较，即中国与其他国家相比，拥有100强企业数量前三的国家是美国（37个）、中国（仅含内地，17个）、日本（9个），但国有企业占比最高的国家是中国。纵向比较，即中国国有企业与中国私有企业相比，前100强中国有企业占100%，前200强中，中国有29家企业上榜，其中民营企业有3家，分别是第140名阿里巴巴集团、第148名腾讯控股、第167名万科集团，国有企业占89.655%，民营企业占10.345%。

由此可见，中国国有企业与其他所有制企业相比，无论是在国际市场还是国内市场都一直处于较为绝对的竞争优势地位。中国国有企业呈现以下特点：①国有企业数量庞大且资产规模庞大，民营企业一般资产规模小，难以望其项背；②国有企业经营范围基本涉及各个领域，无论是民营企业禁止进入的关乎国计民生的行业，还是民营企业可以进入的行业；③国有企业在关乎经济命脉的重要领域如银行、保险、石油化工、建筑工程行业占据垄断地位，这些领域民营企业很难进入，民营企业一般在有限的领域如零售、服务业有发展空间。

正如WTO在《2016年贸易政策评估报告》中所说，在中国国有企业的挤压下，私有企业的发展空间和生存环境不容乐观，各市场主体不能充分竞争，私有资本无法进入，最终形成垄断，导致国有企业一家独大。而造成这一现象的原因主要是：①中国基本经济制度"以公有制为主体、国有经济控制国民经济命脉"是对国有企业垄断地位的默许；②自新中国成立以来，经济政策一直倾向于国有企业，发展基础雄厚；③地方各级政府部门政绩依赖其设立的国有企业来实现，当二者利益挂钩时，往往造成政府公权力干预，国有企业因所有权优势享有来自政府的优惠性特权。

4.2.3.3　当前行政垄断法律监管不足

在监管上，竞争中立制度要求政府公权力保持中立的监管态度，即要求将国有企业与私有企业置于同样的法律监管环境之下。

在制定反垄断规则上，各国的普遍做法（包括我国）是通过反垄断立法来规制自由竞争产生的市场垄断，这些反垄断立法呈现以下特点。

首先，对市场中的所有企业不区分所有权地适用。原则上，无论国有企业还是私有企业的商业活动都平等适用反垄断立法。但在实践过程中，即使国有企业已经形成垄断，其受到的规制也较少。

其次，反垄断立法对政府干预造成的行政垄断往往只做原则性的约束，缺乏可操作的细则指引。如《反垄断法》中第8条规定政府行政机关不得滥用行政权力限制竞争；第7条第2款规定国有企业不得滥用其市场支配地位。

垄断产生的原因有二：一是市场自由竞争；二是政府的干预。政府出于某种考虑，利用公权力限制或禁止一些特定行业的内部竞争。在澳大利亚，反垄断立法调整第一种原因产生的垄断，竞争中立制度调整第二种原因产生的垄断。欧盟有所不同，其没有独立的竞争中立制度，但其竞争法中充分体现了竞争中立原则，第一种原因产生的垄断与第二种原因产生的垄断皆由反垄断立法调整。目前我国的情况是，反垄断立法只调整了第一种原因产生的垄断，即自由竞争产生的垄断。第二种原因产生的垄断在我国反垄断立法无监管的同时，也面临着竞争中立制度的缺失，使得"政府干预产生的垄断"处于无法律监管的状态。

这一立法模式的结果就是，私有企业在竞争法中受到的管制往往多于国有企业，而其他法律对国有企业的监管也稍显不足，这就导致了政府公权力无法做到监管中立。"监管中立"是竞争中立制度的主要内容之一。监管中立是指针对被纳入监管范围的市场主体，政府必须依据公平的标准进行监管以确保监管的中立性。根据我国实践，政府在监管标准上保持中立的基本做法往往是采取统一的监管标准，例如，对垄断协议的豁免。但是在不少情况下，政府在监管标准上的中立需要通过类别差异化的方式来实现。我国竞争法虽不以所有权为标准设置调整对象，但我国国有企业的监管在竞争法中的体现往往是不够的。

4.2.3.4 国有企业所有权主体缺位

竞争中立制度要求国有企业应有独立的法人地位，政府与其所拥有的企业应各自保持独立，实行所有权与股权的分离，杜绝政企不分、政府对国有企业经营干预过多的状况，但我国国有企业保持独立地位的基础——国有企业所有权主体存在缺位状况。

在我国，社会主义公有制即"全民所有"具有基础性地位，规定于各个基础性法律中。我国是社会主义国家，国家财产是社会主义全民所有的财产，其所有权的行使必须符合全体人民的共同意志，这一权利只能由代表全体人民共同利益的国家来行使。《物权法》第 45 条规定："法律规定属于国家所有的财产，属于国家所有即全民所有。国有财产由国务院代表国家行使所有权；法律另有规定的，依照其规定。"在社会主义国家只要是代表全体人民共同利益的事物，都有崇高的政治地位与道德地位，无论是公有经济还是国有经济无一不代表着全体人民的共同利益。公共资产地位崇高、作用重要，对于这一点我们毫无争议。但"全民所有"这一公共资产法律制度存在缺陷，从民法学尤其是物权法学关于所有权原理的角度看，作为国有企业财产所有权的权利基础与《物权法》中对所有权的规定不相符，"全民所有"的含义具有不明确性。

首先，国家所有权主体不明确。我国《宪法》《物权法》等法律规定的"全体人民"或者"全体劳动人民"无法成为法律关系主体。人民是个抽象主体，任何时候都无法满足《物权法》对主体具体明确的要求，也不符合民法学对法律关系主体的基本定义。全民所有制作为国有企业的制度基础，本身不符合《物权法》中对所有权主体明确的要求。

其次，作为代理行使国家所有权的机构，国资委的机构设置和职权同样存在问题。国资委兼具政府机构与出资人的双重身份。这一设置的不良影响在于：①职权过大，政企不分，政府所有权对企业经营权产生侵蚀；②责任机制缺位，缺乏必要的监督。

改革开放初期，我们就认识到苏联计划经济下公有制企业没有独立主体资格和独立财产权利的缺陷，因此从放权让利入手，逐步强化公有制企业的主体资格和财产权利。虽然国有企业改革的主要成果之一是一大批国有企业建立了现代公司制度，所有权和经营权得到分离，但我国在实际操作中，作为投资者的国家享有的并不是企业的股权而是所有权的逻辑依然存在，这无法满足企业经营权的需要，尤其不能解决企业进入国际市场的权利基础问题。同时这也是我国国有企业面临资产流失、经营效率低下的主要原因。

4.3 竞争中立视角下国企条款对我国的影响

纵观国际经济规则的发展，从最初的世贸组织三大原则（非歧视原则、透明度原则以及公平竞争原则）、关税减让、反补贴反倾销措施、贸易争端解决发展到环境与劳动标准、国家安全审查条例，这些国际规则都是欧美国家创建的服务于本国经济发展的制度体系。但是，近年来以中国为代表的新兴经济体的迅速发展对欧美等国的经济发展模式造成巨大冲击。在欧美等国家，私有企业是国内经济的基础。欧美等国主张建立自由、平等、公平的竞争秩序，但其私有企业难以在国际市场上同以政府为支撑的国有企业相抗衡。欧美等国逐渐认识到现有的国际规则已无法限制中国等新兴经济体的迅速发展，为了弥补现有国际规则的不足，应对新兴经济体对欧美主导的国际经济秩序造成的挑战，其提出了以竞争中立规则为基础的国有企业相关国际规则，以此限制新兴经济体国有企业的国际化发展进程。竞争中立规则及国有企业相关国际规则的发展反映了新兴经济体的发展模式与欧美的发展模式之间的冲突，这必然对我国国内经济改革和对外经济发展产生重要影响。

4.3.1 两种不同发展模式的冲突

4.3.1.1 规则制定层面的冲突

规则制定是规则适用的前提，在抽象规则之中蕴含着——经由规则适用的媒介——界定现实利益的物质力量。在国际贸易投资规则深度重构的背景下，规则制定不但决定着各国的利益分配格局（当下国际经济体系已进入规则导向型阶段），并且影响着国内改革的进程（国际规则的倒逼机制）。眼下，虽然中国不是 TPP 的缔约国，但是对竞争中立政策和我国现行规则体系的冲突却也不是放任不管，在中美、中欧 BIT 谈判中围绕着竞争中立议题已经展开讨论，并且中国和部分 TPP 成员国已经存在或正在进行 BIT 或者 FTA 升级谈判①，这些都表明这种规则制定层面的冲突是现实存在的。

　　首先，中国现行法律和竞争中立的冲突。中国现行法律和竞争中立的冲突所在多有，比如，《宪法》第 6 条和第 7 条规定，中国"社会主义经济制度的基础是生产资料的社会主义公有制"，"国家在社会主义初级阶段，坚持公有制为主体"，"国有经济，即社会主义全民所有制经济，是国民经济中的主导力量。国家保障国有经济的巩固和发展"。如果单纯地将公有制理解为"国有制"，并将国有企业的优先发展作为一项宪法原则，那么竞争中立就没有发展的空间②。

　　2012 年 5 月 16 日在达拉斯举行的 TPP 第十二轮谈判中，美国提出了损害检测标准，该标准类似于《补贴与反补贴措施协定》第 5 条的规定；而 TPP 的国有企业条款表明，其所使用的"不利影响"和"国内产业损害"概念，正是移植了《补贴与反补贴措施协定》第 5 条和第 15 条意义上的"不利影响"和"国内产业损害"的相关规定。这样的理念建立在 OECD 国家普遍认可的成本基准的概念上，也即，不管是何种类型的优惠，其最终是否能反映出获益的国有企业的产品或服务的价格与一个"合理、正常的成本"之间

---

① 中韩 FTA 设专章规定竞争政策。
② 参见应品广《中国需要什么样的竞争中立？（下）——不同立场之比较及启示》，《中国价格监管与反垄断》2015 年第 3 期，第 29 页。

存在差额。对于如何构成一个合理、正常的成本，各国的法律规定不尽相同，并且即便在同一国内，不同产业之间也不相同。① 然而，中国目前的法律体系尚缺乏这样的概念。从《反垄断法》《反不正当竞争法》及其相关配套法律法规来看，中国对包括垄断在内的不正当竞争行为采取的是以行政处罚为主的法律责任制度。换言之，美国推行的国有企业违反竞争中立义务的法律责任，强调对受影响的私营企业的救济，更多地体现了一种民事责任，这和中国当前法律体系中的责任理念是不符的。②

其次，规则冲突背后的理念冲突。产生上述规则冲突的原因是理念的冲突。尽管中国诸多立法和政策文件中都支持"公平竞争"，但这并不直接和国有企业挂钩。中国对竞争中立的研究和讨论，更多地集中在国际经贸领域，特别是聚集在如何应对以美欧 TPP 和 TTIP 为代表的大型区域贸易协定可能给中国带来的冲击。③ 这是因为"在实质上作为政治构成部分的……自由理念并不在社会主义市场体系设计者的考虑范围之内"，"竞争以及竞争法在中国权力拥有者看来主要是为提升经济效率、加强经济国际竞争力服务的"④。

最后，理念冲突背后的经济发展模式冲突。2008 年国际金融危机以后，以中国为代表的新兴经济体迅速发展，而欧美等发达国家受金融危机及债务危机的影响国际影响力有所下降，这种经济力量的此消彼长，使得二者在国际经济格局中的结构性矛盾愈加突出。

---

① 参见《国资委、财政部、劳动保障部、国家税务总局关于进一步明确国有大中型企业主辅分离辅业改制有关问题的通知》（国资分配〔2003〕21号）。
② 参见徐昕《TPP国有企业规则对我国的影响及其应对》，《理论探索》2014年第5期，第128页。
③ 参见应品广《中国需要什么样的竞争中立？（下）——不同立场之比较及启示》，《中国价格监管与反垄断》2015年第3期，第28页。
④ 参见 Schluep/Demokratie，转引自〔瑞士〕安德烈亚斯·凯勒哈斯《从华盛顿，布鲁塞尔，伯尔尼到北京——竞争法规范和功能比较》，杨华隆、伍欣译，中国政法大学出版社，2013，第73页。

经济危机中,中国以国有企业为主导的经济发展模式表现出的强劲发展势头以及抗击危机的强大能力吸引了全球的目光,越来越多的国家效仿中国加强政府对经济活动的干预和控制,这也使欧美自由资本主义发展模式受到了挑战。越来越多的欧美学者和政商界人士开始以"国家资本主义"来概括中国等新兴经济体的经济发展模式,认为中国的"国家资本主义"发展模式是一种"国家支持国有企业参与市场竞争,对内垄断国内市场,对外全球扩张,实现国家的政治经济战略意图"的发展方式,政府给予国有企业直接或者间接的补贴、信贷支持、专属经营权、破产例外等优惠条件,支持国有企业参与海外投资和并购,其目标已不再是获取经济利润,而是实现国家的战略目标。同时认为中国等新兴经济体的"国家资本主义模式"扭曲了市场竞争,严重威胁了自由、平等、公平的国际经济秩序,对欧美国家"自由资本主义"发展模式形成了巨大的冲击。在"国家资本主义"与"自由资本主义"两种经济发展模式的对抗中,欧美国家的私有企业与新兴经济体政府扶持的国有企业相比处于弱势地位,为了限制"国家资本主义"的发展,欧美等国开始构建国际经贸新规则——竞争中立规则,希望借此遏制新兴经济体国有企业的发展。

"国家资本主义"的概念由来已久,欧美等国也是从"国家资本主义"阶段发展而来的,如今把中国发展模式定义为"国家资本主义",无非要丑化中国的经济发展道路,宣扬中国发展的"异质论"。欧美等国之所以提出竞争中立规则,一方面是要抑制别国的竞争,以形式上同等适用于各个国家的竞争中立规则,来限制新兴经济体对实质上"非公平竞争"的国际分工体系及经济秩序的矫正;另一方面是要巩固欧美主导的国际经济秩序,通过推动世界市场所谓"高度的自由竞争"来发挥其固有的经济优势,保证其绝对的国际竞争优势地位。

4.3.1.2 规则适用层面的冲突

作为法律适用前提的法律规范在结构上由两部分构成：构成性规则和法效果规则。构成性规则反映的是东道国和外国投资者之间的关系，即符合什么样的条件时，东道国可以对外国投资者采取救济措施。法效果规则反映的是东道国执法机构和外国投资者之间的关系，即在符合上述采取救济措施的条件时，执法机构采取救济措施的种类和程度。

首先，构成性规则适用中的冲突。以 TPP 第 17.6 条（非商业援助）为例，该条第 1~3 款就是关于构成性规则的描述。其基本要素（构成要素）有三个：①非商业援助行为；②因果关系；③损害。各个要素的适用涉及一个解释问题。关于非商业援助行为，法条表述为，"使用直接或间接手段向其任何国有企业提供非商业援助"。究竟何为"间接"手段？这一条的注释 3 规定："为进一步明确，间接提供包括缔约方委托或指示非国有企业提供非商业援助的情况。"关于因果关系的内容是从对第 17.6 条第 1 款条文中"造成"一词的注释中表现出来的，该条的注释 4 规定："就第 17.6 条第 1 款和第 17.6 条第 2 款（非商业援助）而言，必须证明被主张的不利影响是由非商业援助造成的。因此，非商业援助必须以其他可能的致损因素为背景进行审查，以保证适当的归因分析。"在"损害"认定方面，对于第 17.6 条第 3 款中"国内产业"的理解，该款注释 1 规定，国内产业"指同类货物的国内生产者总体，或指加总产量构成同类货物国内总产量主要部分的国内生产者，不包括属于涵盖投资并获得第 3 款所指非商业援助的国有企业"。对于第 17.6 条第 3 款（b）项"该缔约方的国内产业在另一缔约方领土内生产和销售同类货物"的理解，该款注释 2 规定："在对国内产业的建立造成实质阻碍的情况下，可理解为国内产业可能尚未生产或销售同类货物。然而，在此情况下，必须有证据证明一潜在国内生产者已就开始生产和销售同类货物做出实质性承诺。"由此可知，构成性规则当中存在着大量规范性要素，即便是在为了明确其内涵而增加的注释当中仍然存在需要进一步澄清的地方。这些都依靠裁判者在适用过程中运用其自由裁量权来确定。在这个过程中，东道国的裁判者和外国投资者之间难免会围绕着构成性规则中的规范性要素产生冲突。这不但涉及对于上述要素的理解，更重要的还有对其"理解"背后的"理解"。

其次，法效果规则适用中的冲突。一旦外国投资者的行为符合构成性规则，从理论上来说，东道国主管机构就可以采取救济措施（包括单边措施和多边措施）。这就涉及法效果规则的适用，包括采取措施的种类、手段、强度等。根据以往司法实践，产生冲突较多的一个领域就是例外条款的理解和适用。当东道国和投资者之间的争端诉诸第三方——仲裁庭加以解决时，东道国援引例外条款寻求例外义务豁免成为固定的法律抗辩模式。这就涉及例外条款的结构、适用步骤、检验方法等问题。另外，在海外投资保护领域还有一个对投资者具有重要影响，并且也容易和东道国主管机构发生冲突的问题，就是救济措施的强度问题。因为，贸易救济措施往往具有"非契合性"[1]，需综合考量多种因素才能确定救济措施的强度是否"适当"。

4.3.2 竞争中立对我国的有利影响

"十三五"时期是全面建成小康社会的决胜阶段。全面建成小康社会不仅仅使人民生活水平得到极大提高，也使我国各方面的体制机制更加完善，最终实现国家治理体系和治理能力的现代化。作为社会主义国家，实现国有资产管理体系和管理能力的现代化是无

---

[1] Ariel Porat, "Misalignments in Tort Law," *The Yale Law Journal*, Vol. 121, 2011, p. 84.

法回避的重要问题，而现状是，在完善国有资产管理体制以促进构建公平竞争的市场环境方面，我们的改革任务非常紧迫。因为"十三五"时期我国的发展环境、指导思想、主要目标、发展理念以及发展主线都对我国国有资产管理体制的改革提出了新的要求，国有资产管理体制涉及两个核心问题：一是如何管理国有企业，二是国有企业应该如何参与市场竞争。如果不适时调整我国的国有资产管理体制，努力解决其涉及的两个核心问题，很显然是不利于实现"十三五"时期提出的各项任务目标的（尤其是在实现国家治理体系和治理能力现代化目标方面）。此外，不适时调整国有资产管理体制还不利于实施创新驱动发展战略以及构建发展新体制。因为公平竞争的市场环境的实现，主要在于理清国有企业在市场中所享有的不当竞争优势，努力激发国有企业和私有企业等所有市场主体的活力，真正实现市场在资源配置中的决定性作用，同时更好地发挥政府的作用。不能回避的是，我国现行的国有资产管理体制离此目标还有很大距离。我们必须深刻认识"十三五"时期我国经济发展的阶段性特征，准确把握国内外发展环境和条件的深刻变化，积极适应把握引领经济发展新常态，努力构建符合中国当前发展阶段的国有资产管理体制。

第一，竞争中立制度是推动经济民主必要且可行的制度工具。经济民主是竞争中立制度的理论基础，竞争中立制度的实施是推动经济民主的必要制度工具，二者之间相互促进。经济民主是现代经济的一个显著特征。国有企业基于与政府的紧密关系，除了天然享有一些市场竞争优势以外，还享有国家从法律层面对这些优势的确认。随着经济的发展，这种优势在市场中越来越成为私有企业发展的阻碍，对经济整体上的发展进步的不利影响也逐渐显现。为了实现更高层次的经济民主，竞争中立制度最先在澳大利亚开始实施。经济民主要求政府应合理回应市场主体的需求。私有企业对公平合理市场规则的诉求，政府理应给予合理满足，不能一味照顾市场主体的一部分而忽视另一部分，毕竟充分发挥每一个市场主体参与市场竞争的积极性才有可能获得更高的经济发展效率。作为实现经济民主的一个重要方面，国有企业和私有企业之间应建立公平竞争的市场环境，而竞争中立制度就是防止市场经济主体不当地享有市场竞争优势的一种制度。毫无疑问，竞争中立制度的实施可以推动市场主体，尤其是国有企业和私有企业平等参与市场竞争，进而促进国有企业与私有企业之间的经济民主。综上，竞争中立制度是推动经济民主必要且可行的制度工具。

  第二，竞争中立制度是建立统一市场、实现市场公平竞争必要且可行的步骤。加快形成统一开放、竞争有序的市场体系，建立公平竞争保障机制，打破地域分割和行业垄断，着力清除市场壁垒，促进商品和要素自由有序流动、平等交换是"十三五"规划关于健全现代市场体系的要求。"十三五"规划在维护公平竞争方面提出要清理废除妨碍统一市场和公平竞争的各种规定和做法。健全竞争政策，完善市场竞争规则，实施公平竞争审查制度。竞争中立制度就是完善市场竞争规则，清理废除妨碍统一市场和公平竞争的各种规定和做法的一种措施。在投融资体制方面，"十三五"规划同样提出要进一步放宽基础设施、公用事业等领域的市场准入限制，采取特许经营、政府购买服务等政府和社会合作模式，鼓励社会资本参与投资建设运营。这无疑会减小国有企业的不当竞争优势，使得更多私有企业可以在更广泛的市场参与竞争，减小不当竞争劣势。竞争中立制度作为一系列维持国有企业和私有企业公平竞争环境的规则的集合，只有形成合力才可以发挥其应有的作用，实现实施竞争中立制度的既定目标。"十三五"规划作为指导我国在"十三五"时期国民经济和社会发展的纲领性文件，更多地提出了宏观性和方向性的任务，而具体落实这些规划则需要花费更多心力研究具体的政策措施，从而实现"十三五"规划既定的任务。竞争中立制度就是帮助我国在"十三五"时期健全现代市场体系的制度工具，是推动我国建立统一市场、实现市场公平竞争必要且可行的步骤。

第三，竞争中立制度是竞争政策的重要组成部分。我国《反垄断法》第9条规定了国务院反垄断委员会的职责，其第1款中提到应履行研究拟定有关竞争政策的职责。这是我国在法律文件中第一次提出竞争政策的概念。《中共中央、国务院关于深化体制机制改革加快实施创新驱动发展战略的若干意见》《中共中央、国务院关于推进价格机制改革的若干意见》等文件相继提出"强化竞争政策和产业政策对创新的引导"，并明确要"逐步确立竞争政策的基础性地位"。这是在国家关于全面建成小康社会、全面深化改革、全面依法治国和全面从严治党的现实要求基础上，借鉴国际经验，经过充分论证后提出的一项重大决策。2016年6月，国务院印发了《关于在市场体系建设中建立公平竞争审查制度的意见》，要求建立公平竞争审查制度，标志着我国向建设统一开放、竞争有序的市场体系和落实中共中央、国务院提出的"逐步确立竞争政策的基础性地位"的要求迈出了关键一步，我国"十三五"时期的竞争政策体系已经开始形成。根据国际社会的共识，竞争政策就是为确保竞争性市场体系的维持和发展所采取的各种公共措施。现代市场经济条件下，在政府调节经济运行采取的各项政策中，竞争政策占有越来越重要的地位。竞争政策的实施和调整，通常会使一国的基本经济体制和格局发生重大变化。因此，竞争政策已经成为对一国社会经济发展产生深刻影响的基础性政策。可以认为，在各国建立市场经济体制的过程中，竞争政策扮演了重要的角色。作为维护市场竞争的基础性政策，竞争政策覆盖社会经济的各个方面，是国家经济发展整体战略的价值基础。2017年1月23日发布的《"十三五"市场监管规划》的第四章"健全市场监管体制机制"中，一开始就提到要强化竞争政策实施，进一步强化竞争政策的基础性地位。近几年政府在市场领域改革的实践充分表明，我们国家已经开始逐步实施具有我国特色的竞争政策。竞争中立制度同样是竞争政策的工具之一。从澳大利亚实施国家竞争政策的经验就可以知道，竞争中立制度是其国家竞争政策的主要部分之一，在促进市场主体公平竞争方面起到了很大的作用。我们国家正处在经济转型的过程之中，作为竞争政策组成部分的竞争中立制度，同样应该发挥其维持国有企业与私有企业在市场中公平竞争的价值。

第四，竞争中立制度是推动供给侧结构性改革必要且可行的制度工具。供给侧结构性改革是我国政府确定的适应新常态规律的调整经济结构的方案。化解产能过剩需要从供给侧的角度出发，有效发挥市场竞争机制优胜劣汰的作用。供给侧结构性改革强调，通过改革的方法来优化资源配置，调整经济结构，充分发挥"劳动力""土地""资本""创新"四大要素的作用。当前，我国经济形势企稳向好，主要是供给侧和需求侧改革共同发力的结果。因此，推动供给侧结构性改革与处理好政府和市场的关系、发挥市场配置资源的决定性作用是一脉相承的，同样蕴含着对市场竞争机制的重视。竞争中立制度的目标就在于维持国有企业与私有企业公平竞争的环境，这无疑符合供给侧结构性改革的题中要义。推动供给侧结构性改革需要竞争中立制度的实施以推动市场的有效竞争，廓清政府与市场的界限，充分发挥市场在资源配置中的决定性作用，更好地发挥政府的作用。综上，竞争中立制度是推动供给侧结构性改革必要且可行的制度工具。

第五，竞争中立制度是实现创新驱动发展战略必要且可行的制度工具。在实施创新驱动发展战略的过程中，创新的主体是企业，而企业创新的根本动力在于有效竞争。因此，国家营造公平竞争的市场环境是维护创新的根本保障，为鼓励创新和培育新经济提供土壤。毫无疑问，这与竞争中立制度的目标是完全契合的。当前，我国经济发展进入新常态，需要从传统的要素驱动和投资驱动转向创新驱动。创新的源动力是公平竞争。只有打破制度的樊篱，为公平竞争创造制度条件，才能依靠"大众创业、万众创新"推动经济转型升级和实现经济可持续发展。国有企业是创新的主体，同样，私有企业在创新方面也有突出的贡献。竞争中立制度在推动实现创新驱动发展战略过程中的价值在于为私有企业提供与国有企业公平竞争的环境，使其免受税收不中立、监管不中立、信贷不中立、政府采购不中立以及政府对国有企业不当补贴等不当竞争劣势的困扰。可以预见的是，竞争中立制度实施后，一旦消除这些不中立现象，就一定会为创新驱动发展战略的实现提供可靠的市场环境保障和创新动力。综上，竞争中立制度是实现创新驱动发展战略必要且可行的制度工具。

第六，竞争中立制度是政府在市场中更好发挥作用必要且可行的方式。如何正确处理政府与市场的关系是经济学和法学的重要命题，某种程度上甚至可以说是经济法学成为一门学科的重要理论基础。改革开放以来，我国经济持续快速发展，主要得益于政府不断向市场让渡权力，使市场在经济发展中日益发挥更大的作用。十八届三中全会关于全面深化改革的论述中突出强调要正确处理政府与市场的关系，也就是发挥市场在资源配置中的决定性作用和更好地发挥政府的作用。

那么，如何正确处理政府与市场的关系，也就演变为如何使市场在资源配置中发挥决定性作用和如何更好地发挥政府的作用。当前我国处于经济转型时期，市场和政府的作用都不可偏废，在资源配置中应该发挥市场的决定性作用。决定性作用不等于一切作用，在市场调节可能会出问题或已经出问题的时候，就要发挥政府的有效作用，防范市场可能出现的问题，更好地解决市场已经出现的问题。

那么,哪些因素会影响市场作用的发挥呢?一个是市场天然的局限性,另一个就是政府的不当干预。这两个问题的解决都需要更好地发挥政府在市场中的作用。竞争中立制度通过规范国有企业和政府在市场中的行为可以帮助实现市场在资源配置中的决定性作用和更好地发挥政府作用。进一步讲就是,竞争中立制度通过消除国有企业在市场中所享有的诸如税收、监管、信贷、不合理补贴以及政府采购等方面的不当竞争优势,使其与私有企业在市场中实现公平竞争,而公平竞争的环境是市场有效发挥资源配置作用的基础,相应的,可以说竞争中立制度有助于发挥市场在资源配置中的决定性作用。此外,竞争中立制度表面上是一些针对国有企业的限制,但其实质是规范政府处理其在市场中有竞争者或潜在竞争者的经济活动,进而也就是规范政府在市场中的经济行为,明确政府与市场的界限,有助于更好地发挥政府在市场中的作用。综上,毫无疑问,竞争中立制度是政府在市场中更好发挥作用必要且可行的方式。

第七,实施竞争中立制度是实现现阶段国有企业改革目标必要且可行的路径。根据2015年8月24日发布的《中共中央、国务院关于深化国有企业改革的指导意见》,我国国有企业改革到2020年形成更加符合我国基本经济制度和社会主义市场经济发展要求的国有资产管理体制、现代企业制度、市场化经营机制。该目标中所说的符合我国基本经济制度和社会主义市场经济发展要求的国有资产管理体制、现代企业制度以及市场化经营机制都与竞争中立制度关系紧密。竞争中立制度主要是处理政府与国有企业关系的制度,那么很显然,国有资产管理体制的完善需要竞争中立制度进行补充。竞争中立制度的一个主要要求就是精简政府企业的运作形式,推动国有企业公司化,目标中所提的现代企业制度的一个主要标志就是公司化,而我们正在进行的企业改制主要就是将国有企业公司化,不可否认，现代企业制度的建立也离不开竞争中立制度的支持。国有企业市场化经营机制的核心在于市场化，想要实现真正意义上的市场化，离不开国有企业的公司化改造，离不开对国有企业不当竞争优势的剥离，如何进行剥离的问题就涉及如何设计我国的竞争中立制度。综上，实行竞争中立制度无疑是实现现阶段国有企业改革目标必要且可行的路径。

第八，实施竞争中立制度是参与国际经贸治理相关规则制定必要且可行的步骤。综合世界上主要经济体的有关信息，贸易保护主义有重新抬头的趋势，尤以美国前总统特朗普为代表。此外，欧洲政坛中也有不少人持反全球化、提倡民粹主义的主张，使全球经济复苏增加了更多不确定因素。我们应及时关注国际贸易形势的新变化，特别是国际贸易规则的新变化。TPP 的规则在一定程度上会限制我国参与国际贸易，但从长远来说，这些规则某种程度上有其可取性，因为总体上来说 TPP 还是为了在一定范围内促进贸易公平自由。在我国企业"走出去"的过程中，国有企业特别是中央国有企业占大部分，基于国有企业的政府背景，许多国家（主要是发达国家）往往对国有企业在该国的投资有很多限制。但是我们不能因为这些壁垒就裹足不前，为了国内企业尤其是国有企业更好地"走出去"，有必要实施我国的竞争中立制度，提供一系列的政策和法律依据，提高国有企业的治理水平，特别是提高其经营透明度和市场化水平，消除其享有的不当竞争优势。虽说我们形成国有企业与私有企业公平竞争的市场环境和市场机制不意味着外国就会丢掉对我国国有企业的有色眼镜，但是至少我们可以提供充足的依据去说明我们的真实情况，与此同时，市场会真正发挥其在资源配置中的决定性作用，长远来看是有利于国有企业"走出去"的。我们都知道，国际经贸治理规则归根结底来源于国内经济治理规则，一国先进的国内经济治理规则往往更容易在国际上成为新的国际经贸治理规则。竞争中立作为一项比较新的国际经贸治理规则，也被越来越多的国家所接受，中国是国有企业较为发达的国家，基于竞争中立理念形成的具有中国特色的竞争中立相关规则应该更有说服力。综上，实施竞争中立制度亦是我国参与国际经贸治理相关规则制定必要且可行的步骤。

4.3.3 竞争中立对我国的挑战

在我国企业积极实施"走出去"战略的过程中，竞争中立带来的压力是多方面的。我国政府和国企所面对的这个问题，已是非常紧迫。从目前对竞争中立规则的研究来看，该规则是在美国"国家安全审查"后采取的一个重要措施，不仅对国企有影响，对我国政府也有深刻的影响。

4.3.3.1 为中国国有企业"走出去"设置障碍

"走出去"战略又称"国际化经营战略"，是指中国企业充分利用国内和国外"两个市场、两种资源"，通过对外直接投资、对外工程承包、对外劳务合作等形式积极参与国际竞争与合作，实现我国经济可持续发展的现代化强国战略。通过这一战略可以进一步拓展我国经济发展空间，不断提升国际市场竞争力、促进社会经济结构战略性调整。同时，这一战略也是全面增强经济发展后劲和推动经济社会协调发展的必由之路。1979年8月，国务院提出"出国办企业"，第一次把发展对外投资作为国家政策，我国由此开始尝试性地对外直接投资。1997年亚洲金融危机后，为了扩大出口，国家实行了鼓励企业开展境外加工装配业务的战略，《关于鼓励企业开展境外带料加工装配业务的意见》出台，提出了支持我国企业以境外加工贸易方式"走出去"的具体政策措施。2000年3月的全国人大九届三次会议期间，"走出去"战略正式提出。2000年10月，十五届五中全会审议并通过了《中共中央关于制定国民经济和社会发展第十个五年计划的建议》，明确了"走出去"的开放战略。此后，中国企业一直在"走出去"这条道路上前进，虽有挫折，却未失前行方向。

十年之前，美国和欧盟等国家借助世界贸易组织规则及争端解决机制针对我国出口贸易与经济制度进行了深刻的变革，十年之后，我国政府因为之前为了遵循多边贸易规则所签署的条约付出了较为沉重的代价。竞争中立规则可以看作国际投资法方面的世界贸易组织规则，西方国家通过自身在全球市场中的主导权，形成一系列规则，借助双边与多边路径持续推进他国对这一规则的认可，直到这一规则慢慢成为国际法规则。其他国家如果想要融入国际市场，必须全面认可这个国际规则，而不能把自身的需求体现在这一规则中。竞争中立规则是西方国家进行国际造法活动的一个重要体现。我国"走出去"的主力——国有企业，特别是中央企业，需要严格披露源自政府的补贴、低息贷款以及股息分红、税收、担保等财务信息。在进入东道国市场时，如果国有企业不予披露或者达不到相关要求，将得不到市场准入的许可；如果披露，则东道国相关部门可根据竞争中立认为国有企业获得了特别优惠待遇，一旦不能证明这些优惠待遇的合理性，同样可能会被拒绝准入。近年来，中国国有企业在美国、澳大利亚、加拿大等发达国家的并购和投资活动因为"国家安全"等理由频繁受阻，竞争中立将演变为西方发达国家阻止和限制我国国企市场准入的借口和凭据。许多学者指出，尽管竞争中立条款本身具有中立性，但当欧美国内经济低迷，保护本国产业、增加就业的压力增大时，竞争中立规则有可能成为一种新的在操作上更具灵活性和隐蔽性的投资保护措施，国有企业的市场准入将不可避免地面临更大的障碍和难度。实际上，包括发达国家在内的许多国家在工业化过程中都曾运用产业政策来支持本国大型企业和相关产业发展，培育它们的国际竞争力，但是当竞争中立的概念应用到处于不同经济发展阶段和发展水平的国家企业之间的竞争中时，其合理性就面临严重挑战。培育具有国际竞争力的国有企业是我国政府的重要目标。我国国有企业的存在领域和产业范围很广，政府把国有企业作为提供公共服务和弥补市场失灵的一种特殊的宏观经济政策工具。虽然我国国有企业在全球范围内的竞争力正在不断提升，和西方国家跨国公司的差距正在不断缩小，但是因为起步晚，发展时间较短，跨国经营等方面和国外企业相比在经验和水平上还有不小差距。假如仅仅根据欧美等国家大力推行的竞争中立规则，减少乃至取消出于公共利益而提供的政策支持，将导致我国国有企业在参与国际竞争方面明显处于劣势，从而不利于国企对关系国民经济命脉的相关行业控制力的提升，使企业走出国门参与国际竞争受到限制。

4.3.3.2 为中国参与区域贸易谈判增加难度

随着全球经济的快速发展，经济全球化和区域经济一体化已经成为不可阻挡的趋势，多哈回合谈判迟迟未能取得新的进展致使世界各国开始寻找新的替代方案，其中包括 TPP、TTIP 以及《区域全面经济伙伴关系协定》（RCEP）等贸易协定。中国作为全球最大的发展中国家和全球第二大经济体，在世界贸易产业链中具有十分关键的影响，也在国际贸易自由化进程中积极贡献自身力量和自己的智慧。由于受到竞争中立规则等议题的影响，中国在参加国际贸易规则制定和区域贸易协定谈判上面临较大的困难。举例来说，中国与美国之间的 BIT 就因为国民待遇问题迟迟不能取得进展，经过长时间的努力两国才进入实质性谈判阶段。同时，随着竞争中立规则有逐渐成为国际通行准则的趋势，该问题也将成为中美 BIT 的议题。但是，在推进经济体制改革的过程中，国有企业改革一直是我国的难题。竞争中立规则是适应市场经济需求而产生的，也是国企改革的重要方向，未来我国参与各类贸易谈判的时候也需要思考这个问题，但是因为我国的社会制度和国有企业的重要意义，该问题将很难达成共识。实际上，中国在加入《政府采购协议》（Government Procurement Agreement，GPA）的谈判中就已经面临着竞争中立规则的影响，虽然中国对《政府采购协议》进行了多次修改，但是美国依然向中国提出调整要求，比如要求减少合同门槛限制等，同时要求中国政府在采购的时候不得规定优先购买本国产品，减少政策可能对国有企业提供的支持和优惠。

4.3.3.3 为中国参与全球经济化治理带来挑战

近年来，以中国、印度、俄罗斯、巴西、南非等为代表的新兴经济体快速发展，成为全球经济增长的重要推动力量。由于发达国家受到国际金融危机的冲击，新兴经济体在危机后成为全球经济复苏的主要拉动力量，"南升北降"的经济发展趋势使得原有的国际治理格局发生改变。发展中国家尤其是新兴经济体从原来的被治理者转变为积极主动的参与者。然而由于多哈回合谈判迟迟不能取得进展，新兴经济体艰难取得的国际话语权正在被削弱。在新的国际经贸规则制定过程中，美国等西方发达国家开始通过"竞争中立"等规则来主导国际经济秩序，减弱新兴市场国家在国际经济体系中的影响力。如前文所述，美国前副国务卿罗伯特·霍马茨在2011年提出，以中国为代表的国家通过向国有企业提供各类支持和优惠，使得美国企业在与这些企业进行竞争的过程中处于劣势地位，需要借助"竞争中立"规则来重新调整现行国际经济规则，从而确保私营企业和国有企业在开展竞争时能够更加公平。西方发达国家借助"竞争中立"规则来解释或者诡辩其所采取的贸易保护政策，导致新兴经济体在全球经济治理体系中话语权下降。

第五章

中国关于引入竞争中立、推动国企改革的制度构建

5.1 关于构建中国版竞争中立的几点思考

5.1.1 竞争中立的设计应当具有正义性

竞争中立在国际层面立法化的本质上就是，对新兴市场国家以"国家资本"参与全球竞争行为进行规制的合法性的依据。按照法律适用逻辑，法律规范（大前提）包含着"行为模式"和"处理结果"两部分，行为模式可以分为几个要素（构成要件）。然后，将需要审查的现实行为的事实（小前提）和法律规范的构成要素进行逐项比对（涵摄）。如果现实行为的各项要素和法律规范的构成要素相符合（该当性），则应承担法律规范中"处理结果"的后果。法律规范通过对不同行为（类型化）承担不同结果的设置（分配），达到在行为主体之间对利益或风险进行分配的目的。但是，在形式上具有这种特征的规范不仅仅是法律规范，暴徒的命令也是如此，比如"要想从此过，留下买路财"等。法律之所以为法律，或者使

法律与暴徒命令区别开来的究竟是什么？这是法学理论领域一个基础性的重大问题，不同时代的法学家有着不同的解答。拉德布鲁赫公式对我们思考这一问题具有启发意义。德国法学家、前魏玛时期司法部长古斯塔夫·拉德布鲁赫（Gustav Radbruch, 1878~1949）在《南德意志法学家报》上发表了一篇名为《制定法的不法与超制定法的法》的文章。其核心论点被德国学者汉斯－乌尔里希·艾弗斯（Hans-Ulrich Evers）命名为"拉德布鲁赫公式"（die Radbruchsche Formel）[1]，并得到了广泛的流传。拉德布鲁赫公式不仅在德国宪法法院与联邦最高法院的判决中一再被或明或暗地援引，而且在德语学界引起了广泛的讨论。[2] 它远远超出了司法裁判理论的范畴，被认为是二战后自然法复兴的理论代表。在英美学界，对纽伦堡审判和拉德布鲁赫公式的态度构成了划分法理论阵营——自然法与实证法学——的试金石，并促成了著名的"哈特—富勒之争"（Hart-Fuller Debate）。拉德布鲁赫公式影响非常大，直到今天依然在某些方面决定着英美法理学的讨论框架。被归纳为"拉德布鲁赫公式"的主要是这样一段话：

> 正义与法的安定性之间的冲突应当这样来解决，实在的、受到立法与权力来保障的法获有优先地位，即使其在内容上是不正义和不合目的的，除非制定法与正义间的矛盾达到如此不能容忍的地步，以至于作为"非正确法"的制定法必须向正义屈服。在制定法的不法与虽然内容不正确但仍属有效的制定法这两种情形之间划出一条截然分明的界线是不可能的，但最大

---

[1] Stanley L. Paulson, "Lon L. Fuller, Gustav Radbruch, and the 'Positivist' Theses," *Law and Philosophy*, Vol. 13, No. 3, 1994.
[2] Horst Dreier, "Die Radbruchsche Formel-Erkenntnis oder Bekenntnis?" in Hans Mayer, *Staatsrecht in Theorie und Praxis*, Festschrift Robert Walter zum 60, Geburtstag, Wien: Manz, 1991.

限度明确地作出另一种划界还是可能的：凡是正义根本不被追求的地方，凡是构成正义之核心的平等在制定实在法时有意被否认的地方，制定法就不再仅仅是"非正确法"，毋宁说它压根就缺乏法的性质。①

这段话是由两部分构成的。在第一部分中，它主张当制定法违背正义达到"不能容忍的"地步时就会丧失法律效力。这一般被称为"不能容忍公式"，即狭义上的拉德布鲁赫公式。在第二部分中，它主张当制定法在制定时有意地否认正义（尤其是作为其核心的平等）就会丧失法的地位或者说法的性质。这一般被称为"否认公式"。广义上的拉德布鲁赫公式既包括"不能容忍公式"，也包括"否认公式"。"不能容忍公式"涉及的是"法效力"的命题，力图为"有效的法"与"无效的法"提供区分标准；而否认公式则是一个"法概念"命题，试图设立一个"法"与"非法"的标准，即究竟是否存在法。②笔者无意对上述公式的法理学内涵进行分析和评价，只是该公式为我们对既有规范的检讨提供了一个富有意义的思路。即便从字面上来看，我们可以粗略地感知到判断一个规范或者一部法律是否构成"法"，进而该"法"是否有效（说"某个规范有效"通常就意味着我们有义务将这个规范作为行为的标准与裁判的依据。效力问题的核心在于某个规范或某部制定法会赋予我们义务的来源或者说原因），需要视其与"正义"的关联程度而定。拉德布鲁赫的法理念包含正义、合目的性和法的安定性三个方面，其中"正义"包含"平等和人权"，"合目的性"包含"公共福利"。在这一公式中，正义/合目的性与法的安定性已经成为可以在

---

① Gustav Radbruch, Gesetzliches Unrecht und übergesetzliches Recht (1946) // Gustav Radbruch. Gesamtausgabe, Bd. 3. hrsg. v. Arthur kaufmann. Heidelberg: Müller, 1990.
② 参见雷磊《再访拉德布鲁赫公式》，《法制与社会发展》2015年第1期，第108页。

擂台上较量的对手，两方时常处于"生机勃勃的紧张关系"① 之中。当下竞争中立在国际层面"立法化"过程中所表现出来的情况体现了"安定性"压倒"正义"和"合目的性"，从而呈现正义性缺失的趋势。

正义是人类社会的美德和崇高理想，正义有着一张普罗透斯似的脸（a Protean face），变幻无常、随时可呈现不同形状并具有极不相同的面貌。虽然正义具有流变性，但正义的基本含义是"各得其所"。为了说明这个问题，我们首先要明确研究的对象，即当下的竞争中立政策②（现在正处于"国际造法"进程中）用于解决中国国有企业在"走出去"的过程中"扭曲"全球竞争秩序的问题是否符合"正义"的要求。③ 对这个问题的思考可以演绎出以下三个在逻辑上环环相扣的问题：在全球化的背景下如何认识新兴市场国家国有企业的贸易投资行为对全球竞争秩序的影响？竞争中立政策的形成程序是否符合正义要求？美欧版竞争中立政策是否符合正义要求？下面分别介绍。

（1）在全球化的背景下如何认识新兴市场国家国有企业的贸易投资行为对全球竞争秩序的影响？

国有企业利用自己与政府之间的产权联系，享有优势竞争地位，这会帮助国有企业以掠夺性定价和低价倾销的手段获得垄断地位，逼走私营竞争者，造成不公平的竞争环境。这些优势竞争地位并不是国有企业依靠其领先的技术、良好的治理或其他自身表现而获得的，而是靠国家给予其特权和豁免获得的。这种优势地位导致

---

① 参见雷磊《再访拉德布鲁赫公式》，《法制与社会发展》2015年第1期，第108页。
② 如前所述，竞争中立政策有不同的版本，在国际贸易投资领域和中国国有企业形成冲突的主要是美国版的竞争中立政策，也即TPP第十七章所规定的竞争中立政策。为了论述上的方便，以下所称"竞争中立政策"，如果没有特别指出，都是指这种竞争中立。
③ 竞争中立的立法化就是一个"法的安定性"问题，在上文已经介绍；合目的性就是一个"公共福利"问题，将在下文进行探讨。

了其与私营企业之间的不平等竞争关系,扭曲了市场竞争秩序。这在国内外已有共识,OECD 的系列研究报告系统地罗列了国有企业所享有的优势内容。

如果说垄断会导致财富由消费者向生产者转移,那么国有企业优势则会导致财富由消费者和其他经营者向国有企业转移的复合效应。在经济全球化的背景下,随着国有企业参与全球竞争,这种财富转移效应则会表现为由一国的消费者和私营企业的竞争者向国有企业的母国转移。并且随着国有企业的跨国贸易投资行为,上一段所描述的对市场竞争秩序的扭曲情况也会外溢到国际市场。在经济全球化导致的国际专业分工不断加深以及各国经济之间的依赖性不断增强的背景下,上述情况必然会引发一系列经济、政治和法律问题,从而使得一国的国有企业问题国际化。其实质是由国有企业的跨国贸易投资行为所引发的竞争秩序扭曲和财富国际转移等外部性如何在国际层面分配的问题。竞争中立的理念、体系和框架则是对上述分配规则的设计和建构。

(2) 竞争中立政策的形成程序是否符合正义要求?

程序的公正关乎结果的公正。国有企业在全球的贸易投资行为所形成的外部性分配规则及解决方案应建立在多边主义基础之上。"全球化"这个概念在世界经济和政治关系中意味着相互依存的状况,也就是说世界上任何一个地方发生的事件或局势的变化都可能对世界上另一个遥远的地方迅速产生极其巨大的影响。[①] 这种相互依存的联结状况使得全球形成一个利益共同体,共同体事务需要国际社会形成一整套政策工具进行调整。利益/风险承担主体应当和利益/风险分配规则的制定主体相同,这是一个国际民主的问题。贸易和投资的自由化必须在多边自愿的谈判基础上进行,而且在一

---

① John H. Jackson, *Sovereignty, the WTO and Changing Fundamentals of International Law*, Cambridge University Press, 2006, p. 10.

定程度上要求所做出的承诺应该是平衡的。① 例如，WTO 基本的贸易准则得到了世界各国广泛的接受和认可，很大一部分原因在于准则的制定方式，即这些准则都是在多边谈判的基础上制定的，并在《关税与贸易总协定》或 WTO 一致性机制的前提下得以通过。②

但是，现在所谓深化的区域贸易投资协定，如 TPP，是美国、日本等大国与其他发展中国家，在权力不对称的背景下通过的。由于缺乏多边谈判的基础和一致性通过的机制，其合法性也就难以保证，这些新拟定的规则也就很难得到广泛的认可。③ 在一个规则导向的全球治理模式中，存在一个国际贸易投资规则的非中立性④问题，少数掌握规则制定主导权⑤的国家可以从这种非中立性的规则中获取额外的"租金"。这种发行租金的欲求，使得上述国家强化了利用国际贸易投资规则制定主导权谋求国家利益最大化的路径。其一般过程如下。第一步，经济问题政治化（国内政治结构及其运

---

① 白树强：《全球竞争政策——WTO 框架下竞争政策议题研究》，北京大学出版社，2011，第 2~3 页。
② Richard Baldwin、范连颖：《21 世纪的区域主义——弥合 21 世纪的贸易与 20 世纪贸易规则之间的差别》，《经济资料译丛》2012 年第 1 期，第 68~69 页。
③ Richard Baldwin、范连颖：《21 世纪的区域主义——弥合 21 世纪的贸易与 20 世纪贸易规则之间的差别》，《经济资料译丛》2012 年第 1 期，第 69 页。
④ 制度的非中立性，有时也被简称为制度的非中性，是指同一制度对不同人意味着不同的事情，在同一制度下不同的人或人群所获得的往往是各异的东西，而那些已经从既定制度中，或可能从未来制度安排中获益的个人或集团，无疑会竭力维护或争取之。参见张宇燕《利益集团与制度非中性》，《改革》1994 年第 2 期，第 98 页。
⑤ 拥有国际经济规则制定权能够给当事国带来额外的收益。然而，不同国家影响国际经济规则的能力是有很大差异的。市场经济的法则决定了国际经济规则的制定只能由少数国家来主导。一国在国际规则制定过程中的影响力主要取决于下述因素。第一，市场规模，或者说一国能够向世界提供多大的出口市场。第二，贸易政策的自由度或市场开放程度。如果说市场规模是决定国际经济规则制定权的必要条件，那么市场开放度就是决定规则制定权的充分条件。第三，国际竞争力。国际竞争力的高低在很大程度上决定了一国对待自由贸易政策的立场。第四，国际经济协调能力。第五，参与区域经济合作的程度。现在，全球区域经济合作进入了一个新的发展阶段，一个突出特征就是大国之间的竞争逐渐演变为区域经济合作组织之间的竞争。第六，政治与军事霸权。参见李向阳《国际经济规则的形成机制》，《世界经济与政治》2006 年第 9 期，第 70~71 页。

作模式决定了这种传导机制的必然性)。第二步，政治诉求议题化。第三步，议题研究软法化。发达国家利用其资助或控制的研究机构、智库（如美国彼得森国际经济研究所）和国际组织（如OECD）对上述议题进行研究并形成"最佳实践""指南"等具有指导意义的文件。第四步，以上述文件为基础形成双边、多边谈判的草案，并最终形成国际条约，初步完成一项议题在国际层面的立法化。第五步，通过上述立法的引领作用以及国际裁决机构的案例累积，实现向非缔约国国内立法和多边国际立法辐射，最终变成国际多边公约。

此外，还有一个问题。TPP竞争中立主要体现在第十七章关于国有企业的条款之中，可见其以国有企业为规范对象。吊诡的是，其所意欲规范的对象在缔约国却不是一个大问题。首先，其所规范的对象主要是中央国有企业。然而，在美国，中央国有企业数量有限，地方国有企业数量较多，地方国企却不是上述竞争中立规范的对象。其次，就谈判成员构成而言，发达国家与发展中国家大致为1∶1。但由于竞争中立涉及的是国有企业，全球有650多家国有企业跨国公司，谈判中"榜上有名"的只有马来西亚和新加坡的54家国有企业①，这意味着目前国有企业海外投资活动真正由于纳入竞争中立规则而受到冲击的谈判方主要涉及这两个国家。新加坡中央国有企业分量较重，但是，最大的国企淡马锡（Temasek）控股公司却被豁免适用竞争中立，而该公司投资总额超过1500亿美元，投资涵盖金融服务、电信、运输、不动产和能源等领域。② 越南等国的国有企业在国民经济中占比较大，但是其在全球市场上所占份额很小。而在全球经贸市场上具有重要地位的中国等新兴市场国家却

---

① UNCTAD, *World Investment Report 2014: Investing in the SDGS: An Action Plan*, United Nations Publications, 2014, p. 6.
② "The Dallas TPP Negotiations," http://www.insidetrade.com, last visited on May 30, 2015.

被有意地排除于 TPP 的谈判之外。这是一个很有意思的设计。可以想象，如果吸收国有经济在国内 GDP 和国际市场都具有重要地位的新兴市场国家参加谈判，则很难这么快达成协议，即便达成协议也不会是现在的内容。而上述程序设计，实现了以极小成本快速达成反映美国意志的条款。中国虽然不是该协定的缔约国，但是，该协定的条款却对中国有着很大的影响力。第一，TPP 缔约国都和中国保持着经贸联系，其中还有几个是中国的重要贸易伙伴，进口替代效应给中国带来了出口压力，迫使中国考虑逐步或者部分接受该条款的内容，以调整国内立法。实际上包括本书在内的研究工作正是上述"刺激—回应"模式工作的一部分。第二，TPP 缔约国多数和中国签订了或者在谈判 BIT、FTA。TPP 条约文本势必会被拿来作为条约谈判或者升级谈判的参照和指引。第三，由于 TPP 巨大的经济体量以及中国参与全球经贸往来的深化，TPP 将是未来亚太自贸区（Free Trade Area of the Asia-Pacific，FTAAP）的雏形，中国在未来加入 TPP 谈判是必然的事情。届时中国作为后加入者对于 TPP 条款没有讨价还价的权利，只能全盘接受。因此，这实际上就是以条约的形式为非缔约国立法，突破了布迪厄关于"被宰制者参与形成对自身具有宰制关系的符号系统的共谋"的判断，违背了"与其有利害者应允许参与影响其利益规则的制定（当一项国际组织的措施或国际法规范对一个公司或一个经济行业协会有影响时，这些公司或协会就应对有关的过程施加影响[①]）"以及"契约不得为契约以外第三人设定义务"等古老的公正规则。

（3）当今致力于国有企业条款的美欧版竞争中立政策是否符合正义要求？

非歧视原则是国际投资法的基石，主要指国民待遇原则和最惠

[①] John H. Jackson, *Sovereignty, the WTO and Changing Fundamentals of International Law*, Cambridge University Press, 2006, p. 33.

国待遇原则。以此标准来看，TPP投资章（第九章）的制度安排是开放性的。在国民待遇、最惠国待遇的适用对象、适用阶段、适用情形及例外保留等方面继承了美国BIT 2012范本的风格。在该投资章下，国有企业并非一个特定的对象，因而在整个投资行为过程中应享有同等情况下不低于东道国本国企业和第三国企业（包括私营企业）所享有的投资待遇。第一，TPP第9.1条将投资者定义为"试图、正在或已经在另一缔约方领土内进行投资的缔约方或其国民、企业"。这与美国此前签署的FTA投资章相似。第二，根据TPP第1.3条和第9.1条的规定，企业是指"根据适用法律组建或组织的任何实体，无论是否赢利，是否以营利为目的，也无论是由私人或是政府所有或控制，包括任何公司、信托、合伙企业、个人独资企业、合资企业、协会或类似组织以及企业的分支机构"。根据这段定义，国有企业无疑属于投资章中所列企业的范畴。第三，TPP第9.4条（国民待遇）和第9.5条（最惠国待遇）的适用为"设立、获取、扩大、管理、经营、运营、出售或其他处置方面"，这就意味着在该投资章下投资的非歧视性待遇涵盖了投资活动的全过程，包括准入前阶段及准入后阶段，实际上赋予了投资者准入权。第四，投资章第9.11条列举了若干不符措施，在所列举的这些情况或方面，将不适用国民待遇、最惠国待遇。主要针对某些特定条件下的不适用，如：政府层级已存在的不符措施（第9.11条1-a）、上述措施的延续和更新（第9.11条1-b）、上述措施的修正（第9.11条1-c），附件"否定清单"所做的保留（第9.11条2），为了和其他国际公约（如WTO协定）相一致所做出的协调规定（第9.11条4、5）以及政府采购（第9.11条6），等等。综观这些不适用的情形，并未出现特别针对国有企业的内容。上述规定是符合当下贸易自由化、投资便利化的趋势的，也将对此后的跨国贸易投资行为起到推动作用。

但国有企业条款的规定,却大大减损了 TPP 在第九章所呈现的开放性价值。根据 TPP 第 1.3 条的定义,国有企业是指"缔约方拥有的或者通过所有者权益控制的企业"。这一定义全盘移自 NAFTA 第 1505 条关于国有企业的定义,该条与第 1502 条、第 1503 条开了国有企业单独立法的先河,由于该条用语模糊,其未对国有企业的跨国贸易投资活动造成重大影响。TPP 第 17.1 条在上述定义的基础上进一步对国有企业的判断标准予以明确。(a)主要从事商业活动。(b)一缔约方在其中(ⅰ)直接拥有 50% 以上的股份资本;(ⅱ)通过所有者权益控制 50% 以上投票权的行使;(ⅲ)拥有任命董事会或其他同等管理机构大多数成员的权利。(a)贯彻了 TPP 对国有企业分类管理的原则,将承担公益性职能的国有企业排除出去。(b)-(ⅰ)解释了 TPP 第 1.3 条定义当中"拥有"一词的内涵;(b)-(ⅱ)、(ⅲ)则解释了定义中"通过所有者权益控制"的内涵。这一规定大大增加了国有企业认定的可操作性,构成了对国有企业进行规制、适用竞争中立的基础性定义。

上述规定对国有企业的拘束力分为一般拘束和个案拘束两种情况。一般拘束主要指 TPP 第 17.2 条"适用于一缔约方的国有企业和指定垄断在自由贸易区内对缔约方间的贸易和投资产生影响的活动"及第 17.10 条的规定。一般拘束采用组织标准,即只要一个企业满足国有企业定义所规定的条件,整个组织就要受到上述条款的拘束。这种效力不具有责任或者惩罚内涵。个案拘束主要指第 17.4 条(非歧视性待遇和商业考虑)、第 17.6 条(非商业援助)、第 17.7 条(不利影响)、第 17.8 条(损害)的规定。其中第 17.6 条、第 17.7 条、第 17.8 条所构成的"非商业援助"体系,与《SCM 协定》第 5 条、第 15 条的反补贴制度相结合,形成新的针对国有企业(政府商业活动)竞争中立的"非商业援助"制度。个案拘束采用的"组织标准+行为标准"是对 WTO 上诉机构在 WT/DS379[①] 和 WT/DS436[②] 案件报告中所确立的 "政府职能标准"的肯定和发展。个案拘束具有责任和惩罚的内涵。

TPP 的规定与作为其规范基础的 OECD 研究不尽相同。OECD 的研究成果表明，竞争中立规则的重点在于防止国有企业的商业活动影响市场的竞争公平。其规范逻辑在于：首先，区分国有企业商业与非商业行为；其次，通过界定生产成本、定价以及回报率等方面，判断国有企业是否存在掠夺性定价或低价倾销的不正当竞争行为；最后，从税收、监管、借贷和补贴等方面要求实行竞争中立以削减国有企业享有的不正当竞争优势。而按照 TPP 的规定的逻辑则是：但凡属于国有企业范畴的企业必然存在利用自身优势谋求不正当竞争利益的可能，因此应事先削弱国有企业竞争优势、加重其违反竞争公平的预期成本等，以此达到威慑国有企业的目的，从而最大可能地减少对市场公平竞争秩序的损害。这种逻辑的典型表现便是对国有企业"组织标准"的适用，只要一个从事商业活动的企业在组织上达到第17.1条的标准，就须承担第17.10条所规定的信息披露责任，至于是否存在扭曲竞争的行为则无关紧要。第17.10条（透明度）规定的内容往往为公司商业秘密所覆盖，这些信息的公开无疑会给公司带来极为不利的影响和经济损失，以致其在与私营企业进行竞争时反而处于一种不公平的地位。

TPP 第9.3条第1款规定："如本章与本协定另一章存在任何不一致，就该不一致而言，以另一章为准。"就是说，在第十七章（国有企业）规定和第九章（投资）规定发生竞合的情况下，第十七章的规定将具有优先适用的效力，即整个第九章的内容受制于第

---

① "US-Definitive Anti-dumping and Countervailing Duties on Certain Products from China," WT/DS379/AB/R, pp. 317-318.
② "US-Countervailing Measures on Certain Hot-rolled Carbon Steel Flat Products from India," WT/DS436/AB/R, p. 4, 29.

十七章的规定，国有企业将无法享受开放的第九章所赋予的全过程非歧视性待遇的保护，从而使得第九章的开放价值大幅度减损，而这种义务的减损却与国有企业的身份挂钩。TPP 对国有企业的规范要求置换了 OECD 中对国有企业扭曲竞争行为的观照（正是这一点使得竞争中立获得了巨大的解释力），而将规制的中心设定为以国有企业的身份为依归，"实际是将削弱国有企业竞争优势的阶段从 OECD 框架的行为后救济阶段提前到行为前阶段。增加了国有企业海外投资的成本与难度，权利与义务相分裂，是一种典型的身份歧视（并且由于国有企业大多来自新兴市场国家，上述身份歧视变成国别歧视——笔者注），完全背离了竞争中立原则"[1]，从而蜕变为贸易投资保护的壁垒。国际贸易投资领域体现出的契约向身份的回归，是对梅因"人类社会一切进步的运动都变现为从身份到契约的过程"经典判断的颠覆。

5.1.2 实现竞争中立正义性的几点设想

5.1.2.1 整体考虑国有企业和垄断企业扭曲竞争的问题，整合全球竞争法律体系

既有的研究充分揭示了国有企业可能利用自己和政府的密切联系（不限于产权联系），使自己具有排他性，享有私营企业所不具备的一系列竞争优势（如，直接补贴、融资优惠和担保便利、垄断、股权锁定以及政府提供的其他优惠安排[2]）。而这种来自政府支持的竞争优势，使国有企业无须考虑成本的约束，就能在市场竞争中胜出，由此获得利润不是靠其提升自身生产效率或研究创新能

---

[1] 毛志远：《美国 TPP 国企条款提案对投资国民待遇的减损》，《国际经贸探索》2014 年第 1 期，第 94 页。

[2] A. Carpobianco and H. Christiasen, "Competitive Neutrality and State-Owned Enterprises: Challenge and Policy Options," *OECD Corporate Governance Working Pagers*, No. 1, 2011.

力，只是靠财富由消费者和私营企业竞争者向国有企业转移。国有企业在市场中的这种做法扭曲了市场公平有效的竞争秩序，降低了市场配置资源的效率，损害了私营企业和消费者的利益。当国有企业进行海外贸易投资活动时，上述扭曲市场竞争秩序等后果外溢到国际市场，使财富由东道国向投资母国转移。这些研究成果（毋宁说是坊间传播的这些研究成果）[①] 构成对国有企业进行竞争中立规制的基础。我们承认上述情况都不同程度地存在着，但同时我们也应看到，如果将上述研究中的"国有企业"置换为"跨国公司"，其结论仍然大体成立。换句话说，跨国公司依据其市场支配力分割国际市场、扭曲市场竞争秩序、在国家间转移财富的情况也是客观存在的，并且对全球竞争的威胁更严重，只是其市场支配力的来源和国有企业不同而已。这也为国内外的系列研究所证实。既然国有企业和跨国公司都可能以其行为扭曲市场竞争秩序，损害竞争对手和消费者的利益，那么我们关注的焦点应该是扭曲市场的行为，并以此为设计规范的逻辑起点和调整归宿，而不能简单地对某类竞争主体标签化，以其身份为规制标准。

随着技术的进步以及阻碍国际贸易和投资的壁垒的逐渐消除[②]，以贸易自由化、投资便利化为媒介的经济全球化向纵深发展，企业在世界范围内享受着规模经济带来的好处，生产要素在世界范围内配置、优化了国内国际产业结构，生产和分配中的静态效率转移到消费者身上，从而提高了其生活水平，这一切都提高了贸易投资参与者的总收益。但上述收益在各国之间的分配却是不均衡的，竞争中立框架（国有企业条款）不过是分配全球化红利的一种制度安排。

---

① 因为很少有人系统地去阅读和研究既有的研究成果，经常会出现以讹传讹、断章取义的情况。

② M. Walters, *Globalization*, Routledge, 1995; John H. Dunning, *The Globalization of Business: The Challenge of the 1990s*, Routledge, 1993.

经由各国之间越来越紧密的经济联系，世界逐渐成为一个共同体，国际经济法领域一系列制度建构都是在确立国际利益的分配格局和规则。市场经济作为人类发明的经济制度之一，已在世界范围内取得广泛共识。市场机制的有效运转需要具备一系列的条件，其中竞争和法律构成其两大支柱。竞争使市场机制永葆活力，法律将竞争植入市场活动，竞争法律的国际化是在制度领域对经济全球化做出的一个反应。所以，理性的制度设计应该以维护全球竞争秩序为目标，公正评价国有企业、跨国公司对市场竞争秩序的扭曲效应，在《哈瓦那宪章》竞争条款制定以来前人努力的基础上，在整合国有企业和跨国公司规范的前提下，建构系统、公平、有效的全球竞争政策框架。

5.1.2.2 坚决捍卫WTO多边贸易体制，积极利用FTA、BIT等平台建构中国话语权

诚如前述，TPP竞争中立在程序上存在不公正，其中虽然有少数掌握国际经贸规则制定权的大国人为操作的因素，但是也与区域组织解决全球问题的不相协调的关系有关。笔者的设想是全球组织解决全球问题，这一直观的思路是保证国际经贸规则制定的民主基础、合理内化单边主义管辖所产生的外部性的理性制度选择。WTO代表的国际多边贸易体制是人类构建国际经济新秩序的伟大实践，是世界范围内经济民主与经济效率平衡结合的成功尝试。多哈回合谈判以来，WTO的运作似乎陷于停滞，但其中很大一部分原因在于经济民主发挥了作用。全球化不是一个简单的线性发展的过程，而是一个多元推进、迂回反复的网状动态结构。我们注意到，在国际贸易投资规则体系中有些制度工具被用来减缓某些敏感部门或某些情况下的贸易自由化进程，如保障措施或者反倾销措施等。诚然，WTO自身也存在不少问题，比如，投票表决机制、争端解决机制等都有完善的必要和改进的余地。但这些问题的解决应依靠WTO全体缔约国共同完成，而不能简单地将其否弃。

双边投资是现在世界上数量最多的国际投资制度安排，自由贸易是当下最为活跃的区域合作形式。中国的 BIT 数量位居世界第二，并且正在实施自贸区网络战略。① 可以利用中国—东盟自贸区升级谈判、金砖国家、上海合作组织等平台，特别是以"一带一路"为契机，积极宣传中国版竞争中立的想法、思路，充分与各国沟通，探讨解决问题的办法。中国和多数共建"一带一路"国家有大体相同的发展阶段及政治经济结构，国有企业和私营企业的比例、结构也具有某种相似性，容易找到关于国有企业国际规则的共同语言。增加相关各国学术界、企业界等的民间交流，在平等对话、深入交流、合作共赢、互惠互利基础上，充分让相关各国的意志都在规则安排上得到体现和表达。

5.1.2.3 发掘竞争中立"公平正义"的内涵，体现发展中国家利益

如前所述，"竞争中立"概念之中，"中立"是手段，"竞争"是目标。通过政府的中立政策和安排，创造公平、有序的竞争环境。但公平不能机械地理解为绝对的平等，否则，幼稚工业保护、中小企业保护政策就失去了伦理基础。但要注意，竞争中立首先是一种国内改革措施，强调其是国内措施，并非否定其在国际层面的适用性，而是指出竞争中立在国内层面和国际层面的内涵是不一样的。因为任何一项改革措施或者制度变迁都是对社会利益的再分配，都会有其受益者和受损者。一国政府对全社会所有利益阶层都负有宪法上的义务，这已维护了社会各利益阶层和集团之间的平衡。当某项措施导致社会阶层间利益失衡时，该利益阶层或集团就会利用既定机制（宪政机制或者其他制度安排）将本阶层或集团的意志传至

---

① 沈四宝、胡海涛：《加快实施自由贸易区（FTA）战略，深度重构国际经贸新规则》，《中国法律》（中英文版）2015 年第 2 期，第 66 页。

政府层面,对政府形成一定压力,迫使其进行改革,以达到新的平衡。如果政府无视这种压力,其不断蓄积的力量就会体现为对政府的消解或者颠覆性力量,甚至产生政府的更迭。各利益阶层通过博弈将其意志反映到规则制定过程和规则执行过程之中,使得各个利益阶层、集团能够各得其所,这就体现为规则的正义性。而在经济全球化的背景下,企业跨境的贸易投资行为会将其行为的负面后果外部化为国际社会的成本,但由于负面后果发生于母国境外,母国政府没有充分的积极性予以规制。特别是当东道国的法律控制标准低于投资者母国标准时,就会放任国际投资者的行为(例如,跨国公司在发展中国家污染环境、行贿等),实际上等于对其外部行为的一种纵容。这就会恶化国际经济、社会秩序。这就是为什么需要国际治理机制存在。但是,国际社会处于无政府状态,不像国内一样存在一个承担终极责任的主体。各国政府在选择其经济政策工具时,出于选票或人民的压力,会无视其他国家的利益诉求(因为它没有义务),从而将经济政策工具的负面后果尽可能外部化,使得国际经济领域的利益分配更加失衡。国际经济治理需要以公平、正义等为圭臬进行再平衡。因此,不能简单地将国内实施的竞争中立在国际层面复制。

虽然经济是推动全球化的根本力量,但是经济绝不能反映全球化的全部内涵,它有着更为丰富的内容。即便单从经济角度来说,它也不是少数几个发达国家独占全球化红利的状态,而应是全球共同发展,共享全球化的利益。发展中国家在当代国际投资体制中面临发展权危机。[①] 国际投资法中的发展权是指投资自由化不应当以

---

① 阿尔及利亚正义与和平委员会1969年发表的《不发达国家发展权利》报告中首次使用了"发展权"的概念。1986年8月召开的国际法协会第62届大会一致通过的《有关新的国际经济秩序的国际公法原则的逐渐发展宣言》将发展权作为有关国际经济新秩序的国际法原则之一。参见季烨《双边投资条约对发展权的负面影响及对策》,《武大国际法评论》2009年第1期,第85页。

牺牲非发达国家经济、社会、文化和政治的全面发展为代价；投资关系的利益相关方均对发展中国家国民及政治与经济秩序的良好发展负有责任；发展中国家有权根据本国国情决定其对外资的开放程度及管理程度，以确保发展目标的实现。[1] 国际投资条约很少涉及发展中国家的发展问题，即便有也是在序言中笼统规定，而缺乏具有切实操作性的举措。如果没有发展中国家的切实发展和进步，全球化也不能持久。针对国际投资体制不能反映自身发展意志的现象，不断有国家选择从当前国有投资体制中脱离出来。如，亚洲、非洲和拉丁美洲的部分发展中国家分别与欧洲国家终止了 BIT，但同时没有签订新协定。[2] 南南 BIT 的数量从 2007 年开始迅猛增长，并在敏感议题上采取回避态度，没有接受发达国家的投资自由化立场。[3] 晚近以来，卡尔沃主义出现不同程度的回归或再生趋势，主要表现为一些国家为应对国际投资仲裁程序，单方面修改宪法、其他法律和合同，限制或放弃国际投资协定中的投资者—国家争端解决条款，甚至终止双边投资条约和退出《解决国家与他国国民间投资争端公约》等现象，这已经被拉丁美洲国家、欧盟、澳大利亚甚至美国等的条约实践所证实。[4] 甚至有学者指出，中国可能会采取"贸易规则冷战"的方式来反对这些缺乏公平性的规则。[5] 这就意味

---

[1] 参见季烨《双边投资条约对发展权的负面影响及对策》，《武大国际法评论》2009 年第 1 期，第 85 页。
[2] 南非于 2013 年决定终止其与德国、荷兰、西班牙、瑞士的 BIT，印度尼西亚于 2004 年终止了其与荷兰的 BIT。参见 UNCTAD, *World Investment Report 2014: Investing in the SDGS: An Action Plan*, United Nations Publications, 2014, p. 113.
[3] Mahnaz Malik, "South-South Bilateral Investment Treaties: The Same Old Story?" Annual Forum for Developing Country Investment Negotiations, 2010.
[4] 韩秀丽：《再论卡尔沃主义的复活——投资者—国家争端解决视角》，《现代法学》2014 年第 1 期，第 121~135 页。
[5] Richard Baldwin、范连颖：《21 世纪的区域主义——弥合 21 世纪的贸易与 20 世纪贸易规则之间的差别》，《经济资料译丛》2012 年第 1 期，第 69 页。

着全球经济可能回到冷战时代,甚至更早以前的以邻为壑的割据状态。① 为避免出现上述脱离现象,中国版竞争中立(建构国际贸易投资规则的制度支点)应倡导发达国家和发展中国家的利益平衡,将可持续发展或友好发展作为首要原则,并辅之以切实可行的规则设计。

5.2 深化国企改革,构建符合我国国情的竞争中立制度

5.2.1 国有企业与"中国"的相互建构性

5.2.1.1 早熟的中央集权控制模式在中国历史上的必然

根据笔者所掌握的文献,国内外既有的关于竞争中立的研究、有限的立法实践和司法案例的一个基本思路就是,将竞争中立和国有企业相联系(国内因此又掀起一波国企改革研究的高潮)。围绕这一思路,虽然在分析内容上有所交叉,但就基本观点而言大体上可以分为两派:"挺国派"和"限国派"。后者主张以当前国际社会的竞争中立规则指导中国国内企业改革,而前者对此持批判态度。两派之间虽然存在上述冲突和对立,但是共享着这样一个预设,即都把作为研究对象的"国有企业"不言自明地理解为,新中国肇造后通过对资本主义企业进行"社会主义改造"等政治运动所建立的国有经济体制。建立在上述潜在预设前提下的分析,有意无意地落入意识形态对立的窠臼,进而遮蔽了我们对事物本身的探讨。

受黄仁宇"大历史观"的启发,借用"交易费用"的分析工具,笔者试图对国有企业(或者说国有经济)和中国"国家"之间

---

① 虽然出现这种情况的可能性微乎其微,但是,文中叙述的脱离现象却会大大影响全球化的进程。

相互建构的历史演进路径进行概括梳理,并在此基础上提出本书关于国有企业改革的观点,进而推出中国版竞争中立框架的设想。在一个较为宏观的历史视野中,我们需要检讨的是,国有企业是否是新中国成立以后这几十年的经济现象?如果不是,这种"国有"或是"国营"经济可以在历史中上溯到什么时候?这种经济生活中的"国有"或者"国营"的历史经济现象是历史的必然还是偶然?这种经济现象和新中国成立以后的国有企业是不是存在内在的逻辑勾连?这种经济现象和中国或者国家主权具有什么样的联系?将这种经济模式进行剥离对中国乃至国家主权具有什么样的影响?申言之,上述经济模式与国家之间究竟是本质联系还是非本质联系?对本质联系的否定即对国家自身的否定;而对非本质联系的否定(二者可以区分)不会构成对国家本身的否定。进而言之,对上述问题的判断和分析,对国际经贸规制(包括竞争中立)框架的建构和变迁将产生什么样的影响?

对上述问题的回答需要我们用审视的目光突破新中国建立这一人为历史分野,而将其置于一个更为宏观的历史视角之下。如此,我们会发现,新中国成立以后的国有企业与此前国民政府统治时期的官僚资本、洋务运动中"官商一体"(官督商办、官商合办等)的企业模式、历朝历代"官工官商"的制度,乃至周朝的公有制(亚细亚生产方式[①]解体得不彻底)千年一脉,传承着一种特有的"公私共有"的政治经济模式。独特的历史进程形成了中国乃至东方社会结构中所特有的官商共同体或者政治经济联盟(A Politico-e-

---

① 亚细亚生产方式的特征是:土地属于村社集体所有或者国有,社会关系在相当程度上靠血缘及宗法关系来维持,存在着动产的私有制和温和的奴隶劳动。参见《外国学者论亚细亚生产方式》(上、下册),转引自史际春《国有企业法论》,中国法制出版社,1997,第132~133页。

conomic Coalition）。①学者们研究认为，这是历史上中原地区原始的公有制在国家起源时瓦解的不彻底，是亚细亚生产方式及其残余影响长期延续的必然结果。②对此，我们会有什么规律性认识？这种认识对历史乃至当今中国究竟意味着什么？让历史告诉未来，这对我国当下国有企业改革乃至经济、行政体制改革，尤其是对我们正确理解竞争中立的国际对接及其在我国的有效适用具有基础性意义。

中国的历史发源于黄河中下游，这一地区在广角镜头下并非地域辽阔、沃野千里，只不过是一个有地理局限的孤岛：东面是深不可测的大海，南面是密林毒瘴，西面是崇山峻岭，北面是高寒草原。作为地理孤岛的黄河中下游领域适合农耕生产。这种生产方式天然地对气候、水文、土壤等自然条件有着高度依赖。相对于西欧的风调雨顺，在这个东方孤岛生活的中华民族先人们所面临的自然条件可谓"恶劣"。黄河泛滥、旱涝频仍，再加上荒歉连年，以及北方游牧部族对中原的劫掠，都是严峻考验着这个族群的梦魇般的存在。中华民族的祖先在这种自然、社会条件下，组织生产、整治河患③、兴修水利、

---

① 胡海涛：《国有资产管理法律实现机制若干理论问题研究》，中国检察出版社，2006，第11页。
② 《外国学者论亚细亚生产方式》（上、下册），转引自史际春《国有企业法论》，中国法制出版社，1997，第133页。
③ 黄河是中华民族的母亲河，因其流经土质松散、泥层深厚的黄土高原，含沙量较高。世界上一般的大河如果含沙量超过4%，就已经相当高了。然而，黄河的含沙量却曾经有过46%的观测记录。因此，黄河的河道经常淤塞，堤坝被冲溃，以至于黄河成为世界闻名的悬河。在帝制时代以前，各国修建的治水工程经常是彼此分开的封建国家之间发生纷争的原因，这类水利设施通常会给邻近的国家带来问题，并产生祸害。诸侯争霸甚至会故意决堤，来淹没敌对国家的领土。直到公元前221年统一中国的出现，这个问题才得以解决。防洪、灌溉以及后来的散装运输所形成的对水利工程的需求，有利于帝国的统一。不仅如此，水利控制及其管理，总是会跨越封建诸侯领地的边界，只有一位君主及其各级官僚才能够掌控它。这也是中国实行官僚制而非贵族制的一个最好的解释。参见李约瑟、黄仁宇《中国社会的特质——一个技术层面的诠释》，载黄仁宇《现代中国的历程》，中华书局，2011，第3页。

赈济灾荒①、夯建边防②，维系着这个民族的繁衍生息，同时也在上述过程中建构着独特的社会结构、历史品格。

从经济学的角度，上述工程都具有公共产品的特性。兴建这种大规模的工程，不是一个诸侯国或者一族一姓所能完成的，必须动员大河上下全体人口的力量才能完成。这需要事前的勘探规划、物料筹措、财货调拨，事中的人役编配、指标核定、给养配发、评判奖惩，事后的维善管理等。这已经不是单纯的工程筹建的事项，而是需要动员全社会的力量，事竟其功的宏大社会化运作；涉及大数量、多地域、多层次、广泛的人与人之间的协同配合。社会中人们之间的合作基本有两种方式：横向（契约式）和纵向（命令式）。横向合作方式会产生交易费用③，高昂的交易费用（接近或超过其预期收益）会阻碍人们之间的合作行动。与此相关，还有一个"囚

---

① 在中国，降雨的季节性很强。大约80%的降雨发生在夏季，而正是在这个时间段，季风风向也发生变化。年降雨量的起伏也很大，因为中国的季风受气旋影响，而不是受地形影响。换句话说，潮湿的季风并非借助高山来做它的冷却剂，而是依靠来自北方的冷气流。冷气流使潮湿的季风上升到足够高度，然后冷凝成雨降落下来。气流交汇的固定模式不会改变，但是由于两种变量未必同步，故其实际效果各年之间的差异也就颇大。气流交汇的点可能比预想的数量更多，或者更少。正是这种变化，导致中国水旱灾害频发。灾害往往成为各诸侯国之间战争的导火索，同时也为饥饿的农民参加战争提供了动机。一个合理的解决方案就是形成一个统一的中国和采用中央集权的官僚管理方式，从而能够独力调动所有必要的资源来缓解地区性灾害。参见李约瑟、黄仁宇《中国社会的特质——一个技术层面的诠释》，载黄仁宇《现代中国的历程》，中华书局，2011，第4~5页。

② 解决北方游牧部族对中原地区的入侵也与国家统一和中央集权有关。从气象学的角度来看，长城这一屏障，总体上与15英寸等雨线一致。这清楚地说明，长城以南降雨量能达到15英寸，而15英寸降雨量是谷物生产所需要的最低降雨量。在长城以北，降雨量更为稀少，大部分河流在入海之前就已干涸；游牧是主要的生产方式。拉铁摩尔把长城称作"世界上最纯粹的边疆之一"，认为它作为区分文化群落、社会风俗、语言、宗教的分界线存在了两千多年。参见李约瑟、黄仁宇《中国社会的特质——一个技术层面的诠释》，载黄仁宇《现代中国的历程》，中华书局，2011，第4~5页；〔美〕彭慕兰《大分流：欧洲、中国及现代世界经济的发展》，史建云译，江苏人民出版社，2008，第25页；〔美〕伊曼纽尔·沃勒斯坦《现代世界体系》（第一卷），高等教育出版社，1998，第43页。

③ 信息成本、谈判成本、监督成本等。

徒困境"的问题，它描述了一种个体理性和集体理性的张力结构，即便合作结果对各方当事人都有利，但是，谋求个人利益最大化的当事人出于对自身利益的算计而最终选择不合作立场。在语言简单、交通不便、通信原始、社会组织松散的古代社会，如果通过横向方式完成上述社会合作，其交易费用一定高得难以想象。巨大交易费用的存在使得通过横向（契约式）合作方式组织大家的行动不是一种经济的、现实的选择。作为一种替代的考虑，纵向的、依靠权威约束的合作模式成为一种历史的必然选择。这种合作模式以权威命令对行动者的支配，代替了行动者彼此之间的谈判，从而节约了交易费用。它是通过一套以"命令—服从"为特征的威权体制的运作达至其目的的。历史上，法家思想的核心切中了古代中国社会这种深刻的经济需要，为嬴秦王朝打造出了这样一套威权体制，使它在战国群雄的竞争中脱颖而出，最终在黄河流域建立了强大的中央集权制度。于是，在这种实际需要中产生了集权化的社会控制方式而这种方式又在上述需要下被不断强化乃至固化。嬴秦以降，无论哪个民族入主中原，都念兹在兹地强调统一天下。统一和中央集权在青铜时代结束之后很快诞生于中国，这是在特有的地理环境中民族存续压力下的"天命所归"。这套集权化体制是中国存在和被正确解读的"核心性规范秩序，通过它，人们的生活才得以共同组织起来"[1]。

5.2.1.2 国有经济与中央集权控制模式的相互建构性

这套集权化的体制不能简单理解为高高在上的皇帝和一支贪污腐败的官僚队伍，作为世界上延续时间最长的社会控制系统，它是一个政治、思想、文化、规章、经济等各个子系统相互支援、相互

---

[1] Talcott Parsons, *Societies：Evolutionary and Comparative Perspectives*, Prentice-Hall, 1966, p. 10.

建构的整全式结构,并在历史的长河中不断发育、完善。黄河流域的农耕生产方式孕育了这种社会控制模式。反过来,这种控制模式又在不断地强化着自己的存在基础,并在这种强化中实现着自身的再生产。两千年间,国家实际上在从未间断地推动着农业发展,并且这种推动作用是强有力的。即使是少数民族建立的王朝,也同样能认识到农业是经济基础[①],从而使社会对这种集权控制模式产生更大的需求,进而演变为一种依赖。出现这种情况的原因,一方面在于随着帝国疆域的扩张需要一个更为强大的中央集权[②],另一方面在于横向社会合作模式的替代效应。本来这种"纵向的社会合作模式"是在"横向社会合作模式"存在高昂交易费用时的替代性制度安排。从上至下的这种安排使得产权、契约、信用、竞争等横向合作模式变得可有可无,甚至无胜于有。这时上述集权控制模式就表现为对社会自组织(通过契约进行人与人之间的合作)力量的排挤和压制。比如,商人和商业在中国社会除了极少数情况,从来就没有获得过长足发展。商人游走四方、货通天下,构成对集权秩序下户籍制度、税负制度的消解力量。商业交换的存续和发展需要所有权、契约、信用和竞争秩序等一系列条件。所有权是交换的起点和归宿,而所有权和国家政权(乃至主权)具有同质性,都是对于资源以及资源利用行为的支配权。因而,所有权是一种对抗权威的力量,正是商品交换促成了古罗马家族公有制的瓦解和抽象所有权的出现。商品交换的法权形式就是契约,这应该被视为缔约方为自己制定的法律,从意志层面来讲这就表现为对中央集权的疏离。商业竞争使得部分经济决策权由国家向市场让渡。这些都使得商业和

---

① 参见李约瑟、黄仁宇《中国社会的特质——一个技术层面的诠释》,载黄仁宇《现代中国的历程》,中华书局,2011,第9页。
② 此时,已经不能仅仅以黄河流域的生产方式来诠释这种模式存在的必然性了。帝国广袤的疆域已经远远超出了黄河中下游流域,能够解释它的只有它自身——无上的权威。哪怕对这种权威的怀疑,都可能导致其在核心区域的削弱或者坍塌。

中央集权管理之间存在体制性的不兼容。在这个早熟的中央集权治理模式中，没有给地方性（贵族势力、地方豪强等）、行业性（工商业等）制度和习惯留下发展空间，反而表现为对它们的限制性力量。如，根据"士、农、工、商"这种排序，将商人和商业排在社会的最低位置。产权、契约制度不发达，使得商业经营风险极高，退出商业的诱惑强烈，商业利润流入土地、奢侈品，从而不能形成资本积累。没有信贷制度，商业活动无法扩张。司法依附行政权力，不能形成理性的法律秩序。私营企业在这样的社会环境中无法获得充分发展，两千年来只能走三步、退两步，原地徘徊。这也导致中国人的生活当中具有一种"反商业主义"的传统，而中国的制度却均匀地浸润着某种公共精神。[①]

这就造成两个结果：一方面是商业依附于政府，工商食于官；另一方面是存在规模庞大的国有企业。例如，作为中国传统社会国家管理经济一大特有现象的"官工官商"思想及实践早在管仲、桑弘羊的时代就已经相当成熟。[②]另外，禁榷（专卖、专营）也控制着诸如内陆及边境贸易、海外贸易，以及盐、茶、酒、醋等日常生活中高利润商品的销售和交易活动。[③]清末进行工商业近代企业制度改造的"洋务运动"中，也基本采取官商合办、官督商办的形式。中华民国官僚资本掌控着国民经济的命脉，虽然说属于四大家族，但是在"党国一体家天下"的背景下，和历史上的国有经济具有很大的同构性。中华人民共和国建立以后，虽然存在意识形态的因素，但是，历史并不能隔断，中国社会和文化的传统（其中许多因素和社会主义具有某种天然的契合性）已经被纳入新的秩序之

---

① 参见李约瑟、黄仁宇《中国社会的特质——一个技术层面的诠释》，载黄仁宇《现代中国的历程》，中华书局，2011，第11、20页。
② 王发芬：《桑弘羊的官工官商思想研究》，硕士学位论文，东北财经大学，2007。
③ 姜朋：《官商关系——中国商业法制的一个前置话题》，法律出版社，2008，第83页。

中。特别是"赶超战略"①的推行，使国有经济获得了空前的发展。中央集权的控制模式不允许经济领域存在质疑和对抗力量，所以，只能发展国有经济或者采取其他对非国有经济进行控制的手段，同时将其作为自己统治的基础。这样做的直接结果就是造成了国有经济（企业）的非竞争性和数目字管理不能（商业行为讲究锱铢必较，这就要求商业活动精细化、数字化，相应的对会计方法、信息收集、交通、通信、金融信贷等制度提出要求，以形成一整套可以进行数目字管理的商事规则、习惯）。非竞争性来自其垄断地位以及帝国秩序对于竞争这种方式潜意识地排斥。数目字管理不能导致了企业治理机制的缺失。反过来，国有经济（企业）对中央集权的控制模式也具有重大影响。且不说，其对于财政的贡献（直接和间接）影响着上述权力系统的正常运作，单是国有经济对于私人商业经济釜底抽薪似的瓦解力量就构成了对帝国秩序的持续贡献。另外，国有经济（企业）的非竞争化、数目字管理不能的特点也会和承担帝国管理任务的官僚队伍相互影响，使其不能受到商业精神的熏陶和培养，从而阻断了其专业化、程序化、理性内敛的现代化路径。

综上所述，国有经济在中国的充分发育以及"政府—企业"之间的特殊关系并非新中国成立后短短几十年的结果，它在中国的历史性存在有其必然性，它已成为"中国"这一国家本质性支撑要素中必不可少的内容。如果贸然改变这种状况，而不改变产生这种模式的、其所植根的深层次土壤，不啻去影留形、聚膻却蚋，对这个国家和民族来说意味着一种灾难。对国有企业/国有经济的否定可能造成实质上对国家/国家主权的否定，而当这种可能的结果与全球化背景下全球治理思潮中"去主权化""主权过时论"等理论和

---

① 林毅夫：《论经济发展战略》，北京大学出版社，2005，第 3 页。

呼声相夹杂，就会遮蔽对上述政治目的的分析。

5.2.2 竞争中立与国有企业改革目标的内在一致性

在竞争中立的描述和适用中存在着这样一个因果链条：

$$y=f_1\{f_2[f_3(x)]\}$$

其中 x 指的是国有企业从政府处接受的非商业援助便利（作为一枚硬币的另一方面，也指政府对国有企业进行的非商业援助措施）。f_3 表示因为上述非商业援助行为，国有企业所谋取的相对于私人部门的不正当竞争优势；f_2 表示上述优势的存在对市场竞争秩序的扭曲；f_1 表示该扭曲行为对市场竞争对手或者公共福利造成的损失。由此可见，竞争中立的核心其实是为商业行为（活动）立规矩：君子爱财，取之有道。所以，商业活动存在"相反相成"的两个侧面："君子爱财"描述商事主体行动的目的是谋求自身利益的最大化（这也是经济学所有流派的一个基本预设）；"取之有道"描述商事主体在谋求自身利益最大化的行动过程中应该受到规则的约束，没有规则或者规则无效的逐利行为只能是一种机会主义的恣意妄为。申言之，只有将商业规则植入商事行动之中的商业活动才是与市场相契合的，不守规则甚至践踏规则的行为只是一种对市场的瓦解力量。这些规则是由产权、契约、信用、责任、谨慎等相互嵌合、相互支撑的规则构成的一个有机的规范系统。商事主体只有在这个系统里，其营利行为才具有自由的意义。"鱼得水逝而相忘乎水，鸟乘风飞而不知有风"就是指这样一种状态。按照"契约之网"理论，透过企业主体法人的外观，可以看到企业本质上是由一系列契约构成的一张契约网。企业和政府签订契约，以税收换取保护等公共产品；企业和银行签订借贷契约，以利息换取商业贷款；企业和房屋出租人签订租赁契约，以房租换取办公场所；企业和供货商签订供销契约，以货款换取生产材料；企业和消费者签订消费契约，以产品和服务换取价款；企业和劳动者签订劳动契约，以工资换取活劳动；等等。基于上述契约应予支付的税款、利息、货款、工资、房租等就构成企业从事营利活动（商业活动）的成本。除了这些成本以外，企业还需承担的另外一种成本就是无处不在的风险。当然，商业行为（或者说营利行为）与一般民事行为的风险结构不同。一般民事行为只承担一种风险——道德风险（或者说法律风险，如缔约方违约。其与缔约方的道德素质有关），而商业行为除了承担道德风险以外，还需承担市场风险（也称商业风险，与行为人道德素质无关，而与市场供求关系、价格波动有关）。国际贸易投资行为一般指的是商业行为。成本（包括风险）[①]是企业获取利润的代价，它和市场竞争一样都是由于资源的稀缺性。所以，成本和竞争是天然连在一起的。进而言之，成本在这里描述的不仅仅是一种付出的概念，其主要表达的内涵是，该成本是由市场竞争来确定的。这就是商业行为（商业活动/商业考虑）的本质内涵——"成本锁定"或者"成本硬约束"，即企业利润的获取不但要付出成本，而且其所付出成本的高低要由市场竞争确定。在这种成本硬约束之下，企业被迫改进管理、创新技术、提高治理效率，并通过这些努力获取在市场当中的竞争优势，从而谋得更多交易机会，使资源向其倾斜，这就是市场竞争的效率机制。不论是澳大利亚的国内改革实践，还是OECD的研究报告以及TPP第17.6条（非商业援助）的规定，都是围绕着政府对国有企业的非商业援助这一核心展开的。由此可见，竞争中立以实现国有企业的商业化为指归。

---

① 指机会成本，而非会计成本。

5.2.3 国有企业改革的整全性

5.2.3.1 深入推进行政管理体制改革，实现和国有企业改革的同步化

中国国有企业与西方国有企业有着不同的逻辑和内涵，所以，简单地用西方国有企业的思路应对我国国有企业，有方凿圆枘之嫌。西方现代国有企业产生的逻辑在于应对所谓市场失灵现象，是建立在对市场规律充分认识的基础上的。所以，在逻辑上，先有市场与国家之间的分离与独立，然后经由市场充分发育、市场失灵出现才建立国有企业。中国国有企业产生的逻辑在于政治上过早成熟而形成的"大一统"的社会治理模式/经济发展模式，或者说经济发展依赖于行政权力运作，或者说用行政权力运作模式办经济，并且二者相互建构。国有企业与集权统治互为表里：一方面，企业没有发育成为现代企业；另一方面，国家也非现代国家（有现代民族国家之形，而无现代民族国家之实）。也即中国同时面临着国家现代化和企业现代化的双重任务，而这两个任务的完成又存在互为因果、相互缠绕的关系。所以，虽然我国国有企业的改革伴随着改革开放（实际上正是国有企业改革启动了我国的改革开放）屡有高潮，但是现在大家公认的是国有企业改革没有实质进展。深层次的原因在于国有企业改革（企业现代化）的硬币的另一面是行政管理体制改革（国家现代化）。本质上就是十八届三中全会提出的"政府与市场"的关系问题。如果仅从经济这一个方面给国有企业改革开药方势必没有大的效果，如去影留形。中国产生国有企业的深层次原因在于其历史上形成的特有的政治经济发展模式，因此，解决国有企业问题应从改变上述政治经济模式下手。

从前面的分析可知，中国国有经济及其载体——国有企业的成因与政府行政权的运作存在千丝万缕的联系，因此，国有企业的改

革需要从导致这一历史经济现象的根本——政府,以及我国经济未来发展目标——市场入手。政府改革主要就是深化行政管理体制改革的问题,市场化改革就是一个竞争的问题。时代需要一个具有整全性的国有企业改革的方案,即将国企改革与政府行政管理体制改革和公平竞争秩序相联系。政府行政管理体制改革是国有企业改革的治本之策,而市场竞争秩序的维护为国有企业改革指明了方向。现有的改革思路把改革的板子只打在了国有企业的身上,割裂了国有企业问题与其历史必然性和未来目的性之间的关系。

5.2.3.2 给私权以充分发育空间,同时强化规则植入

中国国有企业问题的历史根源在于,过于早熟的中央集权治理模式为了建构自身的权威性而向经济领域扩张,以至于排挤了私营经济充分发展的空间。在中国传统的叙事结构中,国有企业的存在是行政权在经济领域运作的结果,贯彻非竞争的逻辑。而私营经济遵循商业竞争规则。竞争中立的前提在于存在一个竞争市场,政府对市场竞争参与主体的态度是中立的。传统国有经济存续的基础是"特权",基于国有的身份,国有企业可以享有许多优惠待遇;而竞争中立的前提是市场,其运行基础是"产权",产权贯彻平等原则(资本平等、股权平等、市场准入平等、成本约束平等)。产权和国家主权(对内效力)是同质同构的,都是对资源及其利用行为的支配权。产权的排他性效力不仅仅指向社会中的其他人,也指向国家。平等产权主体之间的竞争行为又把这种对国家的排他性由产权领域扩展到竞争领域。形象的理解就是,我俩竞争,国家靠边站,不要拉偏架。因此,竞争中立含有限制国家的理论内涵。

欧洲历史上并没有建立起如同中国历史上一样的早熟的强大中央集权,长期以来,教权、君权、贵族、城邦、自治市等多种政治经济实体相互竞争、相互抗衡的局面使商业行为获得了相当大的发展空间。早在古罗马时期,商品交换的冲击致使所有权从家庭共有

(总有)状态下分裂出来，形成与个体人格相结合的、抽象的、终极的、对资源进行支配的制度安排。① 所有权主体在追求自身福利最大化的过程中，利用契约的媒介不但实现了商品的交换，而且创建了所有权主体之间的各种结社方式（合伙、各种公司、财团等）②，这些经济结社与社会分工相结合，不但推进了市场的深化，而且作为市场深化的表现形式逐渐走进人们的视野。在这些专业公司联合的基础上，行业协会形成。行业习惯构成评判同业者行为的标准，为了贯彻这些标准，以商人法庭为代表的纠纷解决机制应运而生。商业经济在发展、壮大的过程中，表现出了强大的自组织能力，这种组织系统的存在不但建构了一个与公权力运作逻辑（国家）相区分的领域（所谓市民社会），也获得了与国家分庭抗礼的依据。公法和私法这种二元划分方式，正是上述政治国家与市民社会二元并立的现实结构的写照。虽然由于公共产品提供上的规模效益，国家权力渗透至私人领域，国家法律代替了商业习惯。但是，二元结构作为一种传统仍然深刻地影响着当下西方社会的政治架构和规则安排。竞争中立作为国内改革措施，就是依据传统的二元结构的思路，对政府的商业活动制定规则，要求其"在商言商"，遵循商业化行为规则。

诚如上述，国有企业改革不仅仅要强调其"顶层制度设计"（强制性制度安排）③，还要注意基层制度的保证，给予私营经济充分的发育空间，培育其自组织能力（诱致性制度安排）。这不能简单地理解为，对私营经济放任自流，以期通过私人之间的竞争、试错、

---

① 梅夏英:《民法上"所有权"概念的两个隐喻及其解读——兼论当代财产权法律关系的构建》，《中国人民大学学报》2002年第1期。大陆法系的所有权概念强调其抽象性和终极性。英美法系的产权概念强调具体利用的"权利束"。本书无意对两者之间的具体差异进行介绍，而仅仅采用它们在财产支配方面的共同性。
② 启蒙思想家援用契约的概念构建和解读社会与国家的关系。
③ 《独家解读国企改革"1+15"文件体系 3新文件有何深意》，http://finance.ifeng.com/a/20150522/13725499_0.shtml，最后访问日期：2016年3月3日。

调整形成规范化的市场机制。这种想法和"将现在的猴子变成人"一样荒唐。本书的观点是，通过保障私权、保护契约等基层的制度安排，赋予私权主体充分的竞争领域，同时，为上述竞争植入竞争规则以规范竞争行为，将其引导至公平、有序、理性的竞争轨道上来。经由规范竞争"陶冶"的健全、理性（取财有道）的私营经济的存在才是国有企业改革的根本保障。因为，国有企业的问题是历史上公权力对经济领域渗透的结果，合乎逻辑的国有企业改革思路势必是，渗透至经济领域的公权力的退出。但是，公权力退出后留下的真空由谁来接盘？[①] 这也是上文试图解决的问题。当然，这些变化会使国内产生短期或者中期的调整成本，甚至在某些情况下会产生政治上的困难。因此，要注意强制性制度变迁和诱致性制度变迁的平衡协调，把握变革的节奏和进度，使其成为政治上能够被接受的过程。

5.2.3.3 推行中国版竞争中立，寻求和现有国际规则体系有机对接

由于历史上国有企业对于中国政治传统的建构意义，中国国有企业的存在逻辑不同于西方国有企业，这也就决定了中国版的竞争中立框架不能照搬国外任何一个现成的版本，而是要寻求各个版本与中国经济发展阶段、法制背景的交集，并在此基础上设计中国版的竞争中立框架。这要求竞争中立理念在中国的落实须与中国的历史、现实、经济、法制相契合，即具有自洽性。但同时，我们也应看到，在经济全球化的背景下，任何一个国家也不能闭门造车，任何一项国内的经济政策工具都在国际层面具有外溢效应，须寻求和国际既有贸易投资规范体系的深度对接，即具有外洽性。兼顾自洽

---

① 这里强调公权力退出，而不能理解为国有企业或者国有资本的退出，竞争中立针对的是扭曲市场竞争的行为，而不是针对国有企业〔这正是 OECD 版竞争中立和 TPP（美国）版竞争中立的区别〕。公权力退出后，国有资本和私有资本公平竞争，由市场淘汰。

性和外洽性，才会创造出有生命力的制度设计。

5.3 深化国企改革，构建中国版竞争中立框架的几点原则

5.3.1 淡化国企身份的影响

竞争中立应与"扭曲竞争"的行为相联系，而不应与国有企业的身份相联系。竞争中立旨在摈除政府对从事工商业活动的国有企业的非商业援助，矫正市场竞争秩序。但不能对国有企业进行"有罪推定"，对其进行事前的"一般拘束"，减损其基于相关国际经贸规则所享有的国民待遇和最惠国待遇，这些都是违背资本平等原则的。有学者的研究表明，"所有制本身并不必然是决定企业行为性质好坏的因素"[①]。比如，挪威国家石油公司（Statoil）和巴西国家石油公司（Petrobras），都是国有企业遵守竞争法律的典范。应参考《SCM 协定》以及 OECD 研究报告的模式设计竞争中立的条款结构，对反竞争中立行为适用事后救济。

5.3.2 出发点立足于自身国有企业改革

竞争中立首先是国内改革措施。各国国有企业产生的逻辑、特点、结构以及改革的思路各不相同，将国企改革纳入国际贸易投资规则进行同一化调整，并且要求各国予以政治承诺，这一做法超出了相关国家国内政治、经济结构所能接受的程度。接受上述规则，势必会将国际经济矛盾转化为国内的政治困难。如果不接受上述规则，则会导致与国际贸易投资规则的疏离或形成规则冷战的局面。

[①] 余菁等：《国家安全审查制度与"竞争中立"原则——兼论中国国有企业如何适应国际社会的制度规范》，《中国社会科学院研究生院学报》2014 年第 3 期，第 57 页。

因此，理性的竞争中立设计方案首先应该定位于国内改革，强调其属于一国的经济内政。

5.3.3 深化规则调整范围

对"政府部门对国有企业进行非商业援助的行为"与"跨国垄断企业滥用市场支配地位的行为"进行统一调整。竞争中立规范的对象是市场扭曲行为，跨国垄断企业滥用市场经济地位一样会产生扭曲市场竞争的后果。作为世界上第一部竞争法诞生国的美国曾对垄断企业滥用市场支配地位的行为进行严格限制。国际上也有无数对此进行研究的文献和报告。20世纪70年代以来，新自由主义抬头，芝加哥学派对美国竞争法的思路和执法逻辑进行了重构，大大减轻了对其竞争法的执行力度。竞争政策、竞争立法的国家化乃是对全球竞争的理性反应，面对全球贸易投资市场，应该整合国际反垄断法和竞争中立政策，对"政府部门对国有企业进行非商业援助的行为"和"跨国垄断企业滥用市场支配地位的行为"进行统一调整，并实现两种调整力度的平衡、协调。因为，某种意义上国有资本参与全球竞争具有弥补"跨国垄断企业滥用市场支配地位"导致的"国际市场失灵"的效果。

5.3.4 维护"可持续发展"理念，寻求国际法理念支点

人们在对现有世界经济发展模式进行系统反思的基础上，提出了"可持续发展"的理念。这一理念的诞生与传播是人类文明史上的革命性进步。这一理念是在处理人类发展与自然资源的可持续性关系的基础上提出来的，后来在推广过程中又被注入了"发展中国家与工业化国家共同的良性经济发展"等内容。[①] 可持续发展的理

---

① NicoKamal Hossain, "Searching for the Contours of International Law in the Field of Sustainable Development," Report of International Law Association, 2002, p. 6.

念是对国际贸易投资领域"自由化"趋势的矫正和制约。全球化不仅仅包含经济发展的内容,严格来说是不仅仅包含少数国家经济发展的内容,它应该涵盖全球各国、全体人类的共同发展,以及人类发展过程中与自然界的和谐良性互动,这样的发展才是可持续的。超越时代发展的贸易投资的自由化,虽然反映了全球产业链整合的需要,但是,却忽视了由此导致的结果,即全球化红利在世界分配的不均衡。利益的主要部分被少数市场经济发达国家攫取,其成本也外部化给了发展中国家。发展中国家不能从全球化的进展中获取利益,就会造成它们排斥、疏离全球化,甚至被边缘化,从而形成全球市场的人为割裂。并且上述不均衡利益—成本分配格局,势必会降低发展中国家的购买力,使得全球市场萎缩,遑论其国内产业结构的升级。那么发达国家的产品、服务向谁销售?这种推进全球化的逻辑势必走向其反面,遏制全球化的进一步深化。

TPP关于竞争中立的规定,之所以能够在国际层面快速推广开来,是因为其背后的理论依据具有很强的煽动性。TPP依托澳大利亚、欧盟等内部的立法、司法实践以及OECD的研究基础,借助市场化的浪潮在全球化的背景下快速传播,使得其市场理念、机制取得在世界经济发展中的"正确性"乃至"正统性"的地位,使之成为国际经济贸易投资规则制定的"不言自明"的前提。这是一个话语权的建构问题,在这种话语体系之中包含着某种统治关系,并且这种统治关系中的被统治者也参与了对其自身具有统治意义的关系的共谋。在这种话语体系的参照之下,对市场竞争关系的扭曲不但构成了对一种秩序的破坏,而且更严重的是,它构成了对既有话语体系中"正确性"的践踏和消解。那么对上述行为进行否定性评价,进而制定规则进行约束,迫使其进行相应的改革就水到渠成地获得"合法性""正当性"的基础,从而为美国在国际经济格局发生不利于自身变动的情况下推行贸易保护主义,遏制中国等所谓的

"国家资本主义"的发展,披上了合法性的外衣。

上述竞争中立依据的是"经济理性",而可持续发展理念依据的是一种"历史理性"(发展理性)。世界的发展和人类的进步,不只具有"市场"一个平台、一个向度、一套评判体系。市场机制及其基础上所建构的话语体系,超出了市场的范围和语境,有失灵或者被滥用的危险。当我们检讨的视线超越了"市场",就会发现一个更宏观、更贴近人们生活现实的范畴——"社会"。社会具有多元性以及塑造其多元性的历史进程。多元社会的共同、协同发展才是切实改进公共福利的正确路径,这正是可持续发展理念意欲表达的内容。依据这种理念,竞争中立的框架特别是在国际上推行的竞争中立框架应该更具包容性。比方说,赋予发展中国家"与其国内政治经济结构可接受程度"相适应的豁免安排,将具有严格约束力的条款改为建议性、示范性的规范,给予发展中国家制定与其基本国情相契合的"竞争中立"框架的充分空间,以及过渡期条款等。

5.3.5 重构及利用 S&D 条款,寻求国际法体系支撑

"特殊与差别待遇条款"(Special and Differential Treatment Provisions,简称"S&D 条款"),是国际贸易投资规则中依发展中国家的经济发展程度而给予其差别性优惠待遇的一系列制度安排。在 GATT 体制中,S&D 条款逐渐发展和确立起来,主要包括以下内容。①GATT 第 18 条。该条允许"经济只能维持低生活水平并处于发展初期阶段的缔约方"在使用贸易措施保护幼稚产业和使用数量限制以减轻国际收支困难等方面有一定的灵活性。②1966 年 7 月 27 日生效的 GATT 第 4 部分"贸易和发展"(第 36~38 条)。该部分明确采用了"欠发达缔约方"的概念,涉及 GATT 有关发展中国家的原则和目标,鼓励发达国家改善其市场准入条件,并表明发展中国

家不必对发达国家降低贸易壁垒的承诺做出互惠承诺。③"授权条款",即1979年11月28日通过的《关于发展中国家差别和更优惠待遇、互惠和更充分参与的决定》。规定发达国家给予发展中国家优惠待遇及发展中国家之间相互给予优惠待遇。WTO各协定大多包含对发展中国家的优惠规定,共计145项,分别载于不同的多边货物贸易协定、服务贸易总协定、与贸易有关的知识产权协定、争端解决规则和程序谅解书,以及许多部长级会议决议。

与S&D条款数量大规模增加相反的现象是,其实际效果大打折扣。从其名称到其在国际贸易投资规则体系中的规范结构来看,可以判断S&D条款是作为一种"原则"的例外性规定而存在的。其立论基础在于对发展中国家的一种特殊优惠性安排,具有对发展中国家进行"照顾""迁就"等的内涵。这种理论及制度设计潜而未明,但却包含着"非主流""临时性""例外性""过渡性"等内涵。这些内涵遮蔽了S&D条款与"世界经济发展国别间不平衡"的本质联系以及这种不平衡正在逐渐加大的现实,将"发达"与"非发达"的差别,纳入"现代—落后""规范—非规范""是—非"等价值判断的体系。对此,应对其立论基础和规范结构进行重构。支持S&D条款在国际贸易规则体系中存在的经济必然性基础是,世界经济发展不平衡的现实,各国经济有强弱之别,但不应有优劣之分。支持S&D条款地位的规范依据在于"公平互利"。如果规定经济发展水平相差悬殊的各国承担平等义务,只会造成不公平的结果。举例说明,A身无长物,B家资百万,如果适用平等的保护规则(制度中立),其实质就是要求A和B共同为B的财产安全负责,而B不用为A的财产安全负责(因A家无余财),且A分摊了B的财产保护成本。由于这种成本转移效应,A的财产减少(因分摊了部分B的财产保护成本),B则更富有(减少支出其财产保护成本)。这就是"制度中立"实施结果的"非中立性"悖论。对发中国家①的S&D条款应置于"公平互利"这一更为扎实的基础之上，这也体现了"各得其所"、"不同情况，不同对待"的古老正义的要求。TPP竞争中立代表的"高标准"贸易投资规则依据的是"经济理性"，强调资源配置的效率；"公平互利"依据的是"发展理性"，强调对于发展权和人权的保障，相比前者具有更高的价值位阶。如此，S&D条款在既有国际贸易投资规则体系中就不是一种过渡性例外，而是作为一种原则存在。在此基础上，逐渐建构起一套保障发展中国家差别待遇的制度安排。这种制度安排应与世界经济发展的不均衡现实相一致，并有利于这种失衡的弥合，进而消除该条款的存在。

FTA利用WTO协定第20条的规定，实现了和既有国际贸易投资规则体系的衔接。中国版竞争中立的框架也可以借由S&D条款中的差别待遇，谋求和既有国际规范体系的对接。

5.3.6 利用排除性规定，对严格竞争中立义务进行柔性处理

在国际贸易投资规则结构中，为了谋求集体目标与缔约国个别性诉求之间的平衡，往往会有一些排除性做法。主要有宗旨的表述、范围的限定、不符措施条款、例外条款等。

5.4 中国版竞争中立制度的基本构成

5.4.1 我国竞争中立制度的基本概念

如前所述，基于竞争中立的具体功能作用，结合中国当前发展

---

① 其实，关于发展中国家的表述也落入了西方国家关于"发达国家—发展中国家"二元划分世界秩序的模式，准确表述应该是基于各国国情不同的差别待遇，"发达"与"发展"能够为"国情"的概念所评价。但是本书仍然使用发展中国家的习惯性表述。

的语境，笔者认为竞争中立制度是政府为实现市场在资源配置中的决定性作用，更好地发挥政府作用，以社会整体效益最大化和建立公平竞争市场为目标，不为特定市场主体创设不当竞争优势或劣势条件而实施的一系列制度。竞争中立制度通过消除国有企业等市场主体不当的竞争优势来维持市场中各主体公平竞争的环境，进而可以帮助实现市场在资源配置中的决定性作用。那么竞争中立制度是如何促使政府更好发挥作用的呢？主要在于竞争中立制度规范了政府在其所有企业参与市场竞争的过程中的行为，通过实施竞争中立制度来合理划定在涉及国有企业时政府与市场的界限。竞争中立制度的根本目标在于实现社会整体效益的最大化，因为只有充分发挥各市场主体参与市场竞争的积极性，使市场充分发挥资源配置的决定性作用，才有可能实现社会整体效益的最大化。建立公平竞争的市场环境是竞争中立制度的天然使命，该制度的实施可以维持国有企业与私有企业公平竞争的环境，进而推动实现建立公平竞争市场的目标。竞争中立制度各项行为规则的设立就是为了防止为特定市场主体创设不当竞争优势或劣势条件，因此，竞争中立制度的内涵同样不能少了该内容，这是衡量竞争中立制度各项规则是否有必要设立的直接依据。

5.4.2 我国竞争中立制度的适用范围

竞争中立制度的适用范围主要是国有企业，但具体到我国这样一个国有企业类型丰富的国家，应考察各类国有企业是否应当适用竞争中立制度，进而合理框定我国竞争中立制度的适用范围。不仅仅是国有企业类型，关于国有企业概念的讨论也应予以重新审视，在分析国有企业不同类型之前应首先辨析我国国有企业的概念。对我国国有企业概念、类型的辨析，为我们确定竞争中立制度的适用主体提供了便利。在确定适用主体之后，还要进一步确定主体行为的适用范围。

首先，国有企业的概念。

综观目前相关法律规范就"国有企业"的认定，主要可分为以下几类。

（1）企业注册领域：仅限于国有全资企业（非公司制法人）。国家统计局和国家工商行政管理总局共同颁布的《关于划分企业登记注册类型的规定》（国统字〔2011〕86号，以下简称"划分规定"）第3条对国有企业进行了界定。从该条中可以看出，这里的国有企业是狭义的概念，不包括公司制企业，这在客观上也成为国有公司和国有企业并称而非包含的规范基础。概言之，这里所指的"国有企业"在组织形式上属于"非公司制法人"，依据《企业法人登记管理条例》登记，而《公司法》规范的是国有参股、控股的有限责任公司和股份有限公司，依据《公司登记管理条例》登记。"国有独资公司""国有企业"下属子公司依照《公司法》设立，属于公司制企业法人，按照前述规定，其在性质上也不符合登记管理部门对"国有企业"的定义。因此，"国有独资公司""国有企业"下属子公司均不属于"国有企业"范畴。

（2）刑事司法领域：限于国有全资企业、公司。在刑事司法领域，目前的主流观点是：国有公司、企业仅指国有全资公司、企业，国有控股、参股经济实体均不包含在内。这一观点的依据是最高人民法院的司法解释。依据司法解释可以看出，"国有公司、企业"与"国有控股、参股公司"是两个不相包容的相对范畴，前者不包含后者，仅指国有全资的公司、企业。根据该界定，国有控股、参股企业并非国有企业，只有国有全资的企业、公司才属于国有企业、公司。笔者认为，在刑事司法领域采用狭义解释的原因在于，避免国有资产流失类犯罪案件的"扩大化"。

（3）产权登记领域：限于国有独资企业、国有参股企业（非公司制法人）。《企业国有资产法》第 5 条在涉及企业国有资产产权登记的相关规定中，仅将国有企业界定为国有独资企业和国有参股企业（非公司制法人）。国务院《企业国有资产产权登记管理办法》（1996 年）第 3 条与财政部《企业国有资产产权登记管理办法实施细则》（财管字〔2000〕116 号）第 2 条亦有相关规定。这些法规文件虽然没有对"国有企业"这一概念进行明确的定义，但是以其对国有资产产权登记的企业类型的划分来看，国有独资企业、国有参股企业（非公司制法人）属于"国有企业"，但关于国有参股企业的持股比例没有明确规定。"设置国有股权的有限责任公司和股份有限公司"显然不是"国有企业"，且这些法规文件没有对"设置国有股权的有限责任公司和股份有限公司"的国有股权比例做出具体规定。因此可以认为，国有控股以及国有参股公司均不属于"国有企业"范畴，同时，根据上述规定，国有企业、国有独资公司或国家授权投资机构投资设立的子公司（控股、参股公司）也不属于"国有企业"范畴。

（4）国资国企监管领域：主要包括国有全资和控股企业、公司。随着股份制改革的逐步深入和监管的需要，财政部门、国资部门等相关监管机构一般都把国有资本绝对控股企业和公司也纳入国有企业的范畴，但对于相对控股企业和公司是否也归属其中，尚缺乏明确的态度和成熟的标准。

综上所述，不同部门在各自范围内对国有企业的概念及范围有着不同的认定标准。国有企业概念的国家所有权应体现为国家对企业出资份额和收益的所有，而非对企业资产的所有。从竞争中立的角度看，竞争中立本身属于规制措施，因此在构建竞争中立制度时，国有企业的界定依据国资国企监管领域的界定为宜，即将国有企业界定为"国有全资和控股的企业、公司"。

其次，国有企业的类型。

按国家出资的方式及国有资本所占比重，基本上可以将"广义"上的国有企业分为以下四种类型。其中，前三种类型是"实质意义"上的国有企业，最后一种类型实际上不能算是国有企业，也不应纳入竞争中立的适用范围。

（1）国有独资企业。以国家为唯一出资人建立的企业，其所有资产归国家所有，是直接隶属于政府的企业，实行非公司制的组织形式，法律依据为《全民所有制工业企业法》，国家依照所有权与经营权分离的原则授予企业经营管理权；企业可根据政府主管部门的决定，采取租赁、承包等经营形式。国有独资企业有以下特点：法律上国家是其唯一所有人，以多层次委托代理的方式来进行经营管理，由政府来任命企业厂长或经理。

（2）国有独资公司。国有独资公司是由国家单独出资、由国务院或者地方人民政府授权本级人民政府国有资产监督管理机构履行出资义务人资格的有限责任公司，法律依据为《公司法》。作为国家独自出资的有限责任公司，它有以下几个特点：公司全部资本由国家授权投资的机构或部门以国有资本形式出资；国家以出资额为限承担有限责任；国家出资在公司存续期间不得抽回，但可以依法转让。

（3）国有控股公司。国有控股公司是那些通过持有其他公司达到决定性表决权的股份（不一定要超过 50%），而对该公司进行经营控制，并主要从事资本经营及其他生产经营的国有企业。主要可以分为两种：一是纯粹型控股公司，它不直接从事经营，而是对其他公司或企业进行控制；二是混合型控股公司，它通过股份持有控制子公司，同时又从事一部分的生产经营活动，在与子公司的关系上，其行使出资人的权利，在直接的经营活动中，其享有法人财产权。

（4）国有参股公司。国有参股公司即"政府参股公司"，严格来说不属于国有企业，因为政府只是普通参股者，不具有控制权。这类企业的性质等同于一般竞争性企业，没有强制性的社会公共目标。政府参股只是为了壮大国有经济的实力，政府对这类企业通常没有其他附加义务。因此，此类企业不属于竞争中立的适用范围。

最后，我国竞争中立制度的适用范围。

第一，明确竞争中立是仅适用于国有企业（国有全资和控股的企业、公司）；还是不仅适用于国有企业，还适用于指定垄断（任何政府授予垄断权的私人垄断或政府垄断）；还是适用于所有企业（任何产生不公平竞争的企业）。澳大利亚的竞争中立制度主要是适用于本国国有企业（也包括政府部门、事业单位等"政府控制实体"）；TPP的竞争中立制度不仅适用于国有企业，还适用于指定垄断；欧盟的国家援助控制制度则几乎涵盖了所有企业（尽管主要还是针对国有企业或被授予了特别或专有权利的企业）。从竞争中立的制度内涵来看，不仅仅是为了约束国有企业，因此，长期来看竞争中立制度的适用范围应该扩展至所有企业，但是短期内可以主要针对国有全资和控股的企业、公司。

第二，明确竞争中立仅适用于从事"商业活动"的国有企业，至少在现阶段不应适用于履行公共服务义务的国有企业，即仅适用于商业类国企，不适用于公共服务类国企。如果一个国有企业同时存在公益性行为和商业性行为，则前者不适用，后者适用。在实际运用过程中，要在商业活动和非商业活动之间划一条明确的界线并不容易。借鉴国际做法，大致可以通过产品是否用于销售、是否有对价等方法来确定国有企业实施的行为是否属于商业行为。此外，还可以通过制定正面清单的方式对这些企业进行罗列，简化认定的程序。

第三，明确竞争中立仅适用于从事"重大商业活动"的国有企业，而不适用于所有国有企业。国际上的经验告诉我们，竞争中立制度并非适用于所有国有企业或指定垄断，而仅仅适用于达到一定"门槛"的国有企业或指定垄断。可以借鉴澳大利亚经验，将若干实体（通过"清单"的形式列出）实施的行为自动视为"重大商业活动"，或者借鉴 TPP 的做法，将若干财务年度内年收入超过特定值的国有企业视为从事"重大商业活动"的国有企业。

第四，明确竞争中立的适用例外。参照国际经验，非市场化的政府管理（比如军事采购）、对外商投资的国家安全审查以及引入竞争的非对称性扶持不适用竞争中立制度。

第五，明确只有在收益大于成本的情况下，竞争中立制度才能付诸实施，即竞争中立的实施以不牺牲公共利益为前提。对此，可以借鉴澳大利亚的做法。

5.4.3 我国竞争中立制度的行为准则

有学者总结了竞争中立的行为准则，将判断是否构成竞争中立的标准概括为交易机会中立（包括市场进入中立和政府采购中立）、经营负担中立（包括课征强制性负担中立和消解协商性负担中立）和投资回报中立（包括价格规制中立和政府补贴中立）三个方面。上述分类在理论上具有高度概括性，为了便于理解和实际操作，笔者在上述研究的基础上，将竞争中立的适用标准概括为以下九个方面。

（1）市场运作中立。市场运作中立就是确保商业类国有企业按照市场化的方式运作。第一，开展国有企业的分类管理，将非公益的商业类国有企业，全部改制为公司化企业，按照市场化的方式运作，并确保商业活动与非商业活动的结构分离。第二，识别国有企业的成本，特别是在商业类国有企业承担一定公益职能的情况下，识别国有企业完成公益目标的成本。第三，确保国有企业的商业回报率与私有企业基本一致，并设定适当的分红目标。第四，建立透明度机制，包括公布国有企业的类别清单（公益类和商业类），公开商业类国有企业完成特定义务的成本，披露国有企业在税收、补贴、信贷、监管等方面享受的优惠。

（2）市场准入中立。市场准入中立就是市场主体在参与某一市场时不应遭受区别对待，应与其他市场主体一样，适用同样的进入市场的标准。市场准入中立又可以分为三个方面。第一，经营资质赋予中立。在基于安全等因素的考虑设立经营资质要求的情况下，对于经营资质的要求不考虑企业的性质，只考虑企业本身是否符合资质要求。第二，业务市场拓展中立。禁止滥用行政权力开展妨碍商品自由流通，限制外地经营者招投标、参与本地投资等限制竞争行为。第三，商业合同缔结中立。禁止除法律外在行政区域内实施当地合同要求，禁止滥用行政权力指定交易。

（3）税收中立。确保国有企业和其他政府商业行为与私营企业面临类似的税收负担。在这方面，不仅税收负担要类似，税负的计算方式、税负的缴纳以及税负征缴的处罚机制也要类似。对于税收负担中立，要求税率统一，同时中央及地方在税负返还与减免方面也要统一标准。对于税负计算中立，要求要细化、明确入账和入税的具体栏目，还要细化、明确税基的计算方式。对于税负缴纳中立，要求统一企业税负缴纳期限、减少分期缴纳与延期缴纳适用情形。对于税负处罚中立，要求压缩税务机关的自由裁量空间，统一制定处罚标准，减少自由裁量权限造成的处罚差异。

（4）补贴中立。确保政府不对特定的市场主体给予补贴优惠。在这方面，要做到补贴对象、补贴方式和补贴标准的中立。在补贴对象方面，对于社会普惠行为可以允许补贴，限制、减少对部分或个体的补贴。在补贴方式上，以间接补贴为主，以直接补贴为辅。在补贴标准上，根据经济和社会发展的需要合理制定统一标准。

（5）债务中立。确保国有企业和其他政府商业行为所产生的债务与私营企业承担相同或相当的利息。比如，防止国有企业因为所有制获得比私有企业更为优惠的贷款利率、直接或间接地获得国家担保、在国有企业无法负担时国家承担到期债务等。

（6）政府采购中立。确保政府采购政策和程序的公平性，即对所有的市场主体一视同仁、不歧视，并做到政府采购政策和程序的透明化。包括政府采购开放对象的中立、政府采购信息公开的中立、政府采购参与方式的中立以及政府采购评选机制的中立。

（7）监管中立。确保国有企业和其他政府商业行为与私营企业面临类似的监管环境。在这方面，要做到监管范围、监管标准、监管力度的一致。此外，建议对政府监管的市场予以定期评估，不断改进监管的公平性和有效性。

（8）社会责任中立。不对不同的企业施加不同的社会责任要求。但是对于只有国有企业履行的公共服务义务则不能免除其既定的社会责任。对于完全参与市场竞争的国有企业则不应施加高于与其同等参与市场竞争的私有企业的社会责任。

（9）法律责任中立。包括违约责任中立和侵权责任中立，即确保政府在合同或侵权纠纷的处理上不存在人为干预。在违约责任方面，原则上采用统一的格式文本，必须严格按照约定承担违约责任。政府不得非法干预合同当事人在违约责任上的约定；政府不得非法干预合同当事人在违约责任上的履行。在侵权责任方面，政府原则上不应当介入企业侵权纠纷案件，如果政府基于特定因素的考虑通过合法的方式介入，则必须从前提上保证这种介入的普遍性。政府在依法介入企业侵权纠纷案件后不得带有任何的偏见，不得向任何一方的当事人施压，以促成纠纷的化解。

5.4.4 我国竞争中立制度的实施机制

竞争中立制度能否有效发挥作用，主要在于其能否有效实施。

竞争中立制度的实施主要在于形成一个完善的投诉机制。借助投诉机制，受到不平等待遇的企业可以对享有不合理竞争优势的企业提出违反竞争中立制度的指控。投诉的对象既可以是国有企业，也可以是相关的公共部门；投诉的主体既可以是私营企业，也可以是与投诉对象存在竞争关系的其他国有企业。举证责任由投诉者承担，由其证明竞争对手存在有违竞争中立的情况。

建议由专门的投诉机构对被投诉的主体是否具有"不公平的竞争优势"进行分析。为保证投诉机构的权威性，建议由国务院反垄断委员会承担受理投诉及开展相关分析的职能。投诉机构在开展竞争分析的基础上，有权向相关部门提出"矫正建议"，在特定条件下也可以赋予其对有违竞争中立的主体采取一定"矫正措施"的权力。

值得注意的是，竞争中立制度的实施并非为了打击有效率的企业，而是为了消除因为所有制因素（即国有企业与政府的天然联系）而产生的不正当竞争优势。如果竞争优势是国有企业通过提高经营效率而产生的，不属于竞争中立规范的范围。

5.4.5 我国竞争中立制度的配套措施

建立完善的竞争中立制度，除了明确竞争中立制度的概念、适用范围、行为规则和实施机制外，竞争中立制度的有效实施还需相关配套制度的支持。竞争中立制度作为竞争政策的一部分，需要与同属于竞争政策的其他制度形成合力，最终帮助实现竞争中立制度的目标。这些制度主要包括：公平竞争审查制度、竞争评估制度、信息公开制度以及其他配套制度。此外，竞争中立制度的建立还应与我国国有企业改革的进程相结合。

5.4.5.1 公平竞争审查制度

公平竞争审查制度是2015年3月13日成文的中共中央、国务院《关于深化体制机制改革加快实施创新驱动发展战略的若干意见》中提出的。国务院于2016年6月公布《关于在市场体系建设中建立公平竞争审查制度的意见》(国发〔2016〕34号),标志着我国正式开始建立公平竞争审查制度。公平竞争审查制度是指公平竞争审查机构对各地区、各部门政策制定机关,在制定市场准入、产业发展、招商引资、招标投标、政府采购、经营行为规范、资质标准等涉及市场主体经济活动的规章、规范性文件和其他政策措施时,依法对这些文件进行公平竞争审查的制度。审查时,从维护全国统一市场和公平竞争的角度,按照市场准入和退出标准、商品要素自由流动标准、影响生产经营成本标准以及影响生产经营行为标准等进行审查。建立公平竞争审查制度的目标是确保政府相关行为符合公平竞争要求和相关法律法规,加快建设统一开放、竞争有序的市场体系,保障各类市场主体平等使用生产要素、公平参与市场竞争、同等受到法律保护,以发挥市场在资源配置中的决定性作用,激发市场活力,推动大众创业、万众创新,促进实现创新驱动发展和经济转型升级。从公平竞争审查制度的名称就可以发现其与竞争中立制度的相通性。不利于市场公平竞争的文件原则上是不能通过公平竞争审查的,也就是说是不能实施的。虽然现在公平竞争审查制度已经正式实施,但是操作细则无论是在国家层面还是在地方层面都没有形成正式的可参照文件。从现有信息来看,无论是国家还是地方都在积极制定实施细则,特别是上海、湖北、湖南以及重庆等地都在加紧制定地方的公平竞争审查实施细则。竞争中立制度作为规范政府在市场中行为的制度需要公平竞争审查制度的配套支持。

5.4.5.2 竞争评估制度

竞争评估制度是竞争主管机构或其他相关机构通过竞争分析,评价现行的公共政策可能或已经产生的竞争影响,针对不合理的政策安排提出既不妨碍政策目标实现，又能将竞争损害降到最小的替代性方案的制度。实际上竞争评估与竞争审查是在政府反竞争规定制定前后发挥作用的同类制度，发达国家在近二十年内普遍建立了竞争评估制度，在减少政府对竞争的不合理限制、促进经济发展方面取得了巨大的成功。例如，澳大利亚在21世纪初对所有法律、法规、政令，以及各州立法机构制定的地方法规、条例进行了竞争评估，发现了1800多项限制竞争法律规则，其中大概85%都进行了修订或废止，显著促进了经济发展，其国内生产总值自2000年以来，增长率都达到了3%。韩国公平交易委员会于2008年引入了"竞争影响评估"，对各部门制定的或修改的法律进行竞争潜在影响的评估，并向相关部门和管制改革委员会提供评估意见并实质性影响其工作。竞争中立制度的实施离不开竞争评估，只有对竞争状况有一个清晰的评估才更有利于在存在竞争中立问题的领域实施竞争中立制度。我国还没有建立竞争评估制度，但是在《反垄断法》第9条中规定了国务院反垄断委员会有组织调查、评估市场总体竞争状况、发布评估报告的职责。可见我们实施竞争评估制度是有充分的法律依据的，但是缺乏实践。前文所说的国务院反垄断委员会也有研究制定竞争政策的职责，但是实施的效果不明显。即使在现有涉及经济政策的中央文件中明确了竞争政策的基础性地位，经济法学界和经济学界都在畅谈竞争政策的情况下，国务院反垄断委员会在制定竞争政策方面的职责发挥也显然是不足的，至少没有发挥出其统领作用，毕竟我国法律规定只有国务院反垄断委员会有制定竞争政策的权力。由此可见，《反垄断法》的实施还有很多需要完善的地方。随着经济转型发展的不断深入和全面深化改革的不断推进，相信我国很快就会出台竞争评估制度。

5.4.5.3 信息公开制度及其他配套制度

对于国有企业而言，有必要建立类似于上市公司的信息公开制度。特别是，需要披露国有企业承担的社会责任、运作成本，以及享受的政府补贴和政策优惠等信息。尤其在大数据时代，国家改革政策的制定者应考虑时代之要求，以强制性规范的形式，建立国有企业的电子信息平台，持续披露重要的财务及经营信息，允许民众在公众信息平台上对国有企业进行举报和投诉，将国有企业置于群众监督之中，以强力的外部监管改善公司内部治理。2016年2月25日，国务院国资委相关领导在媒体通气会上表示，将实施国有企业信息公开工作试点。可以以此为契机，加大国有企业的信息披露力度，建立制度化的信息披露机制。对于政府而言，则需要披露与竞争中立相关的政策、措施与活动。政府信息公开是法定的职责，但是国有企业的信息公开力度不足，因此我们应进一步完善政府有关国有企业信息方面的公开机制。

与竞争中立制度的制定与实施直接相关的制度措施，还涉及竞争政策的透明度问题、国有垄断企业如何适用《反垄断法》等竞争法律的问题等。除了与竞争中立制度的制定和实施直接相关的制度措施外，还有一些制度或措施与竞争中立制度的有效实施密切相关。比如我国国有资产监管体系的完善，以及与竞争中立行为规则相关的税收政策、信贷政策、财政政策、补贴政策、社会保障政策等。这些制度或政策如果能够与竞争中立制度协调完善，也将极大地推动竞争中立制度的实施。

5.4.5.4 与国有企业改革相结合

建议将竞争中立的理念和制度措施纳入国有企业的改革议程。这也是澳大利亚发展国内竞争中立制度体系的重要经验。当前，应重点落实国有企业的分类改革，以"正面清单"的形式固定公益类国有企业的名单，将其排除出竞争中立适用范围。对于其他商业类国有企业，则通过国有企业改革逐步建立竞争中立制度体系，确保与非国有企业开展公平竞争。对于履行部分公益职能的商业类国有企业，则应当建立成本独立核算制度，确保公益性业务和商业性业务的分开，防止交叉补贴。今后，则应逐步通过改革进一步推动商业类国有企业的市场化运作，减少国有企业在补贴、税费、融资和监管等方面的竞争优势。

5.4.6　我国竞争中立制度的实施步骤

在探索中国版竞争中立的同时，也要明确中国竞争中立的定位。笔者认为，中国版竞争中立与其他版本竞争中立的共性在于：①认可竞争中立所倡导的公平竞争的理念；②正视国有企业相比于私营企业可能具有的竞争优势；③制度设计上的类似（包括适用范围、适用标准、实施机制等）。

中国版竞争中立与其他版本竞争中立的区别在于：①坚持以社会公共利益为基本出发点；②坚持竞争中立的制度设计与我国的体制改革目标、发展阶段和法制背景相适应；③坚持竞争中立的发展和制度设计与国有企业改革同步；④坚持追求"实质公平"而非"形式公平"的竞争中立。

基于以上立场，中国可以分步开展竞争中立探索。这里所指的分步主要有两层含义：一是探索空间的分步实施；二是探索内容的分步实施。

首先，在探索空间上，可以分为三个步骤。第一步：率先在上海市（包括上海自贸区）开展竞争中立探索。理论上，在自贸区内开展"先行先试"探索竞争中立是最佳方案。因为上海不论是从开放程度、国资规模、经济实力还是从改革能力等方面看，都是最佳选择。第二步：将上海市竞争中立探索的经验逐步复制、推广到其他区域乃至全国。第三步：将国内的竞争中立探索融入双边、区域乃至多边协定之中，在世界范围内推广中国经验，成为国际规则制定的积极参与者。

其次，在探索内容上，也可以分步实施。第一步：搭建竞争中立实施的基础制度，包括界定国有企业、"重大商业活动"、竞争中立的适用例外等。第二步：明确竞争中立的实施机制，包括确定实施机构、建立投诉机制等。第三步：逐步强化竞争中立的实施标准。这一步又可分层次实施。第一层次是开展市场运作中立和市场准入中立的探索，这方面已经有基础，且对体制机制的冲击较小；第二层次是开展税收中立和补贴中立的探索，这方面可通过强化税收和补贴的纪律约束来实现，且已经在国际贸易层面受到 WTO 规则的约束，具有较强的可操作性；第三层次是开展债务中立和政府采购中立探索，这方面由于涉及政府对国有企业的隐形担保问题，且中国尚未加入 WTO《政府采购协议》，相对困难；第四层次是探索监管中立、社会责任中立和法律责任中立，这方面由于标准的模糊性，国有企业是否符合竞争中立较难掌握，举证也比较困难。第四步：构建信息公开机制，包括针对政府和国有企业的信息公开机制。第五步：优化竞争中立的实施机制，包括细化公共利益测试的标准和方法，开展竞争中立制度的事后评估等。

5.5　我国在国际经贸治理规则制定中的应对策略

除了在我国国内实施竞争中立制度，在国际层面如何应对竞争中立制度亦不能忽视。竞争中立制度对我们国家来说还是一个由外到内的过程，从怀疑敌视到理性的接受大概就是我国对竞争中立制度的态度的变化过程。竞争中立制度对中国经济体制改革的助益前面已有论述，在此不再赘述。在我们未形成完善的竞争中立制度的基础上，如何应对国际上部分国家通过竞争中立制度形成新的国际经贸治理规则来压制中国国有企业参与国际贸易才是我们应该警觉的。我国在国际经贸治理规则制定中的应对策略应主要包括以下内容：首先，认清竞争中立制度的双刃剑属性；其次，倡导回归多边体系以防止区域孤立主义的滥用；最后，还应以竞争中立制度为契机推动国有企业深化改革。

5.5.1 理性认识竞争中立制度对我国在国际贸易中的不利影响

竞争中立制度作为一项国内经济改革措施，总体上来说对一国经济发展是有很大助益的。但是从国际经贸治理规则的角度看，同样的规则用于不同的国家就会产生不同的结果，有的甚至是破坏性的结果。很显然，同样的竞争中立规则适用于不同经济发展环境的国家时就会对这些国家产生不同的效果，如果产生的是不利结果，国家就应该思考该规则在该国家适用的必要性。TPP中的竞争中立规则作为目前世界上最高标准的竞争中立规则，其适用也仅限于国家层面的国有企业，而把地方国有企业排除在外，且对部分国家在该协定生效后的适用有宽限期。可见参与该协定谈判的国家在适用竞争中立规则时还是持审慎态度的。当然，就像有的学者所说的，在涉外投资领域，一旦竞争中立的相关规则对我国适用，将会是继国家安全审查之后的另一紧箍咒，不仅套在了国有企业头上，更是悬在了中国政府头上。这样的担心绝非庸人自扰。在中美WTO"双反案"中，美国就认为中国的国有政策性银行和商业银行享受的优惠信贷属于《补贴与反补贴措施协定》所禁止的专项性补贴。对美国的这种主张，专家组做出了支持性裁决。由此可见，作为一项对国内经济改革有诸多助益的竞争中立制度（澳大利亚版）一旦在国际上应用也并不总是那么友好。我们国家虽然未参与该协定且该协定的主导者美国已经声明要永久退出该协定，但是该协定所包含的经贸规则却为以后类似协定提供了参考范本，并且国际上其他国家和地区间的贸易协定也有涉及竞争中立的相关内容，我们当然不能忽视 TPP 所形成的竞争中立规则所带来的影响，而是应积极思考应对策略。

5.5.2 倡导回归多边合作体系以防止区域孤立主义的滥用

在国际层面，中国可以倡导回归多边合作体系。实践证明，只有多边主义才能给全世界带来公平的利益。特别是对于拥有较小实力的国家而言，多边主义意味着更多的话语权和其他权利。如果全球经济规则受区域孤立主义裹挟，公平这一国际经贸治理体系最重要的价值追求将会丧失。这一结果对于全球经济的可持续和包容性发展都是有害的。任何一个负责任的大国，都有义务采取措施消除"去多边主义"或"去WTO化"的浪潮。当然，回归多边体系应建立在改革多边体系议程和程序的基础上。比如，中国可以推动新的多哈谈判议程，或者尽快启动新的 WTO 谈判。新的谈判应当对 TPP 和 TTIP 等美欧主导的区域贸易协定中没有涉及的方面（包括竞争中立）进行深入讨论，并对 TPP 和 TTIP 涉及的领域在 WTO 谈判中提出相应的措施。

只有在多边体系下，中国才能够联合诸多发展中经济体，化解"制度非中性"可能带来的不利影响，提出符合绝大多数国家需求的竞争中立主张。即便要在国际或区域层面确立竞争中立制度，出于"实质公平"的考虑，也应该允许发展中经济体享有"保留"或"豁免"实施竞争中立的因素。这是因为，对于发展中经济体而言，一方面，只有通过提高本国产业竞争力，更好地融入"全球价值链"，才能分享全球化的惠益；另一方面，在一个全球价值链逐渐分化的国际市场上，发展中经济体实际上很难与发达经济体实现真正意义上的公平竞争。要改善发展中经济体在国际竞争中的不利地位，就必须开放被区域或双边自由贸易协定限制了的国内政策空间，赋予其为发展本国产业、提高本国竞争力、对跨国企业在本国的市场力量加以限制而实施产业政策和竞争政策的能力，包括灵活制定和运用竞争中立制度的能力。概而言之，竞争中立制度的设计首先应该是一个"国内"改革措施，而不适合在国际或区域层面"一刀切"地适用同样的规则。

5.5.3 以竞争中立制度为契机变压力为动力推动国有企业深化改革

竞争中立制度虽然在国际上对我国参与国际竞争会产生不少限制，但是我们不能否认该制度对我国经济体制改革特别是国企改革的推动作用。竞争中立制度在我国的实施是有充分必要性和可行性的，前文已有详细分析。对于TPP以及其他国家或地区间制定的涉及竞争中立的贸易协定，我们不能全盘否定也不能全盘接受，我们应秉持学习的态度批判性地接受其中对我国经济发展有益的规则。靠国家单方面全力扶持国有企业"走出去"的时代已经过去了，更关键的是应推动国有企业按照市场化的思路依靠自身的实力"走出去"。我们应该以国际上推行竞争中立制度为契机，变压力为动力，推动国有企业深化改革。

参考文献

中文文献

一 书籍著作类

白树强:《全球竞争政策——WTO 框架下竞争政策议题研究》,北京大学出版社,2011。

白艳:《美国反托拉斯法/欧盟竞争法平行论:理论与实践》,法律出版社,2010。

邓正来:《谁之全球化?何种法哲学?——开放性全球化观与中国法律哲学建构论纲》,商务印书馆,2009。

胡海涛:《国有资产管理法律实现机制若干理论问题研究》,中国检察出版社,2006。

姜朋:《官商关系——中国商业法制的一个前置话题》,法律出版社,2008。

林毅夫:《论经济发展战略》,北京大学出版社,2005。

史际春:《国有企业法论》,中国法制出版社,1997。

姚大志:《正义与善——社群主义研究》,人民出版社,2014。

〔瑞士〕安德烈亚斯·凯勒哈斯:《从华盛顿,布鲁塞尔,伯尔尼到北京——竞争法规范和功能比较》,杨华隆、伍欣译,中国政法大学出版社，2013。

〔美〕彭慕兰：《大分流：欧洲、中国及现代世界经济的发展》，史建云译，江苏人民出版社，2008。

〔美〕伊曼纽尔·沃勒斯坦：《现代世界体系》（第一卷），高等教育出版社，1998。

二 期刊论文类

白明、史晓丽：《论竞争中立政策及其对我国的影响》，《国际贸易》2015年第2期。

包晋：《TPP中的竞争中立议题：反对意见及可能的解决方案》，《武大国际法评论》2015年第1期。

陈志恒、马学礼：《美国"竞争中立"政策：平台、特点与战略意图》，《吉林师范大学学报》（人文社会科学版）2014年第5期。

丁茂中：《竞争中立政策视野下的价格规制中立研究》，《竞争政策研究》2015年第2期。

丁茂中：《竞争中立政策视野下的市场进入中立研究》，《价格理论与实践》2015年第3期。

丁茂中：《竞争中立政策走向国际化的美国负面元素》，《政法论丛》2015年第4期。

丁茂中：《竞争中立政策视野下的政府补贴中立研究》，《中国矿业大学学报》（社会科学版）2015年第5期。

丁茂中：《我国竞争中立政策的引入及实施》，《法学》2015年第9期。

东艳、张琳：《美国区域贸易投资协定框架下的竞争中立原则分析》，《当代亚太》2014年第6期。

高虎城：《加快培育参与和引领国际经济合作竞争新优势》，载《〈中共中央关于全面深化改革若干重大问题的决定〉辅导读本》，人民出版社，2013。

顾敏康、孟琪：《TPP 国企条款对我国国企的影响及对策》，《中国政法大学学报》2014 年第 6 期。

谷川：《欧盟法的一体化之维：基础、协调及秩序运作》，《北京工商大学学报》（社会科学版）2014 年第 6 期。

韩立余：《国际法视野下的中国国有企业改革》，《中国法学》2019 年第 6 期。

韩秀丽：《再论卡尔沃主义的复活——投资者—国家争端解决视角》，《现代法学》2014 年第 1 期。

胡改蓉：《竞争中立对我国国有企业的影响及法制应对》，《法律科学》（西北政法大学学报）2014 年第 6 期。

黄志瑾：《国际造法过程中的竞争中立规则——兼论中国的对策》，《国际商务研究》2013 年第 3 期。

黄志瑾：《中国国有投资者境外投资法律问题研究》，博士学位论文，华东政法大学，2013。

季烨：《双边投资条约对发展权的负面影响及对策》，《武大国际法评论》2009 年第 1 期。

雷磊：《再访拉德布鲁赫公式》，《法制与社会发展》2015 年第 1 期。

李向阳：《国际经济规则的形成机制》，《世界经济与政治》2006 年第 9 期。

李晓玉：《"竞争中立"规则的新发展及对中国的影响》，《国际问题研究》2014 年第 2 期。

李约瑟、黄仁宇：《中国社会的特质——一个技术层面的诠释》，载黄仁宇《现代中国的历程》，中华书局，2011。

黎清霞：《国企"走出去"战略的发展困境——来自"竞争中立规则"的挑战》，《经营管理者》2015 年第 4 期。

毛志远：《美国 TPP 国企条款提案对投资国民待遇的减损》，《国际经贸探索》2014 年第 1 期。

梅夏英：《民法上"所有权"概念的两个隐喻及其解读——兼论当代财产权法律关系的构建》，《中国人民大学学报》2002年第1期。

孟祺：《美国再工业化对中美贸易的影响及对策》，《中央财经大学学报》2014年第2期。

倪萍、朱明鹏：《竞争中立对我国国有企业的影响及法制应对》，《天水行政学院学报》2015年第1期。

任东波：《历史与理论的张力：反思"威斯特伐利亚"》，《社会科学文摘》2019年第8期。

Richard Baldwin、范连颖：《21世纪的区域主义——弥合21世纪的贸易与20世纪贸易规则之间的差别》，《经济资料译丛》2012年第1期。

沈铭辉：《"竞争中立"视角下的TPP国有企业条款分析》，《国际经济合作》2015年第7期。

沈四宝、胡海涛：《加快实施自由贸易区（FTA）战略，深度重构国际经贸新规则》，《中国法律》（中英文版）2015年第2期。

唐宜红、姚曦：《竞争中立：国际市场新规则》，《国际贸易》2013年第3期。

汤婧：《"竞争中立"规则：国有企业的新挑战》，《国际经济合作》2014年第3期。

王涛：《国有企业海外投资的东道国法律规制研究》，硕士学位论文，西南政法大学，2014。

王婷：《竞争中立：国际贸易与投资规则的新焦点》，《国际经济合作》2012年第9期。

熊轩昱：《比较法视野下的竞争中立规则——兼论其国际造法对中国的影响和应对》，硕士学位论文，华东政法大学，2014。

徐昕：《TPP国有企业规则对我国的影响及其应对》，《理论探索》

2014年第5期。

徐昕：《对跨太平洋伙伴关系协议（TPP）推动国有企业规则的国际法学反思》，中国国际经济法学会年会论文，武汉，2014年11月。

应品广：《竞争中立：中国的实践与展望》，《WTO经济导刊》2014年第6期。

应品广：《中国需要什么样的竞争中立（上）——不同立场之比较及启示》，《中国价格监管与反垄断》2015年第2期。

应品广：《中国需要什么样的竞争中立？（下）——不同立场之比较及启示》，《中国价格监管与反垄断》2015年第3期。

应品广：《解析美国针对国企的竞争中立规则谈判》，《WTO经济导刊》2015年第4期。

尤文汇：《浅析我国适用竞争中立原则的路径选择》，硕士学位论文，吉林大学，2015。

余菁等：《国家安全审查制度与"竞争中立"原则——兼论中国国有企业如何适应国际社会的制度规范》，《中国社会科学院研究生院学报》2014年第3期。

詹晓宁：《全球外国直接投资形势及国际投资体制改革》，《国际经济合作》2015年第7期。

张吉鹏、李凝：《竞争中立规则对中国国有企业"走出去"战略的影响与应对之策》，《对外经贸实务》2015年第8期。

张琳、东艳：《国际贸易投资规则的新变化：竞争中立原则的应用与实践》，《国际贸易》2014年第6期。

张琳、东艳：《主要发达经济体推进"竞争中立"原则的实践与比较》，《上海对外经贸大学学报》2015年第4期。

张宇燕：《利益集团与制度非中性》，《改革》1994年第2期。

张宇燕：《再全球化浪潮正在涌来》，《世界经济与政治》2012年第

1 期。

张正怡:《中美双反措施争端案评析》,《世界贸易组织动态与研究》2011 年第 4 期。

赵学清、温寒:《欧美竞争中立政策对我国国有企业影响研究》,《河北法学》2013 年第 1 期。

赵海乐:《是国际造法还是国家间契约——"竞争中立"国际规则形成之惑》,《安徽大学学报》(哲学社会科学版)2015 年第 1 期。

三 报纸网络类

蔡鹏鸿:《横向议题:TPP 谈判重点及其影响》,http://www.360doc.com/content/13/1230/15/14685785_341248611.shtml,最后访问日期:2015 年 12 月 15 日。

《全球化的"再美国化"》,参考消息网,2014 年 10 月 30 日,http://news.163.com/14/1030/11/A9Q4R8B300014AEE.html,最后访问日期:2015 年 10 月 7 日。

《推动全球治理体制更加公正合理——习近平在中共中央政治局第二十七次集体学习时的讲话》,《新华每日电讯》,2015 年 10 月 14 日,http://news.xinhuanet.com/mrdx/2015-10/14/c_134711871.htm,最后访问日期:2015 年 11 月 23 日。

张宇燕:《再全球化:中国的机遇与挑战》,《东方早报》2013 年 1 月 8 日,第 A14 版。

英文文献

一 书籍著作类

Ian Goldin, *Divided Nations: Why Global Governance is Failing, and What We Can Do About It*, Oxford University Press, 2011.

John H. Dunning, *The Globalization of Business: The Challenge of the*

1990s, Routledge, 1993.

John H. Jackson, *Sovereignty, the WTO and Changing Fundamentals of International Law*, Cambridge University Press, 2006.

K. J. Vandevelde, *U. S. International Investment Agreements*, Oxford University Press, 2009.

M. Walters, *Globalization*, Routledge, 1995.

Talcott Parsons, *Societies: Evolutionary and Comparative Perspectives*, Prentice-Hall, 1966.

T. Weiler, *The Interpretation of International Investment Law: Equality, Discrimination and Minimum Standards of Treatment in Historical Context*, Martinus Nijhoff Publishers, 2013.

UNCTAD, *World Investment Report 2014: Investing in the SDGS: An Action Plan*, United Nations Publications, 2014.

二 期刊文章类

Angela Huyue Zhang, "The Single-Entity Theory: An Antitrust Time-Bomb for Chinese State-Owned Enterprises?" *Journal of Competition Law and Economics*, Vol. 8, 2012.

Ariel Porat, "Misalignments in Tort Law," *The Yale Law Journal*, Vol. 121, 2011.

Bernard Hoekman, "Free Trade and Deep Integration: Antidumping and Antitrust in Regional Agreement," in *World Bank Policy Research Working Paper*, No. 1950, 1998.

A. Capobianco and H. Christiansen, "Competitive Neutrality and State-Owned Enterprises: Challenge and Policy Options," in *OECD Corporate Governance Working Papers*, No. 1, 2011.

C. Bartok and S. Miroudot, "The Interaction Amongst Trade, Investment and Competition Policies," in *OECD Trade Policy Papers*, No. 60, 2008.

C. J. Milhaupt and Wentong Zheng, "Beyond Ownership: State Capitalism and the Chinese Firm," *Georgetown Law Journal*, 2015.

D. A. Mccarthy, "State Capitalism and Competitive Neutrality," U. S. -Asia Business Summit, 2012.

Ian Bremmer, "State Capitalism Comes of Age, The End of the Free Market?" *Foreign Affairs*, Vol. 88, No. 3, 2009.

K. Sauvant et al., "Trends in FDI, Home Country Measures and Competitive Neutrality," in *Yearbook on International Investment Law & Policy 2012 – 2013*, Oxford University Press, 2014.

Ming Du, "China's State Capitalism and World Trade Law," *International and Comparative Law Quarterly*, 2014.

Mahnaz Malik, "South-South Bilateral Investment Treaties: The Same Old Story?" Annual Forum for Developing Country Investment Negotiations, 2010.

OECD, "Best Practices Guidelines for Budget Transparency," 2001.

OECD, "Restructuring Public Utilities for Competition," 2001.

OECD, "Regulating Market Activities by the Public Sector," 2004.

OECD, "Predatory Foreclosure," 2007.

OECD, "Guidelines on Corporate Governance of State-owned Enterprises," 2005.

OECD, "State Owned Enterprises and the Principle of Competitive Neutrality," 2010.

OECD, "Competitive Neutrality and State-Owned Enterprises: Challenges and Policy Options," 2011.

OECD, "Competitive Neutrality and State-Owned Enterprises In Australia: Review of Practices and their Relevance for Other Countries," 2011.

OECD, "Competitive Neutrality: Maintaining A Level Playing Field between Public and Private Business," 2012.

OECD, "Competitive Neutrality: A Compendium of OECD Recommendations, Guidelines and Best Practices," 2012.

P. Kowalski et al., "State-Owned Enterprises: Trade Effects and Policy Implications," in *OECD Trade Policy Papers*, No. 147, 2013.

R. Hormats, "Ensuring A Sound Basis for Global Competition: Competitive Neutrality," 2011, http://www.state.gov/e/rls/rmk/2011/163472.htm.

State New Service, "The Trans-Pacific Partnership Trade Minister Report to Leaders," November 12, 2011.

Stanley L. Paulson, "Lon L. Fuller, Gustav Radbruch, and the 'Positivist' Theses," *Law and Philosophy*, Vol. 13, No. 3, 1994.

"US-Definitive Anti-dumping and Countervailing Duties on Certain Products from China," WT/DS379/AB/R.

"US-Countervailing Measures on Certain Hot-rolled Carbon Steel Flat Products from India," WT/DS/436AB/R.

图书在版编目(CIP)数据

国有企业改革法律治理研究：基于竞争中立的视角/胡海涛著. -- 北京：社会科学文献出版社，2022.1
ISBN 978-7-5201-9541-6

Ⅰ.①国… Ⅱ.①胡… Ⅲ.①国有企业-企业改革-企业法-研究-中国 Ⅳ.①D922.291.914

中国版本图书馆CIP数据核字（2021）第264040号

国有企业改革法律治理研究
——基于竞争中立的视角

著　　者 / 胡海涛
出 版 人 / 王利民
组稿编辑 / 高　雁
责任编辑 / 颜林柯
文稿编辑 / 许文文
责任印制 / 王京美

出　　版 / 社会科学文献出版社·经济与管理分社（010）59367226
　　　　　 地址：北京市北三环中路甲29号院华龙大厦　邮编：100029
　　　　　 网址：www.ssap.com.cn

发　　行 / 市场营销中心（010）59367081　59367083
印　　装 / 三河市尚艺印装有限公司
规　　格 / 开　本：787mm×1092mm　1/16
　　　　　 印　张：14.25　字　数：185千字
版　　次 / 2022年1月第1版　2022年1月第1次印刷
书　　号 / ISBN 978-7-5201-9541-6
定　　价 / 128.00元

本书如有印装质量问题，请与读者服务中心（010-59367028）联系

▲ 版权所有 翻印必究